En guide til Keith Johnstones
TEATERSPORT ™

Forsidebilde:
Teatro A Molla - Bologna, Italy
📷 *av Gianluca Zaniboni*

Foto på den neste siden:
Loose Moose Theatre - Calgary, Canada
📷 *av Breanna Kennedy*

International Theatresports Institute

Publisert av the International Theatrsports™ Institute (ITI) i 2017.

215 - 36 Avenue NE, Unit 6 I Calgary, AB I T2E 2L4 I CANADA

Copyright © 2017 ITI

Dette heftet ble opprinnelig laget til de som hadde fått spillerlisens og rettigheter gjennom ITI. Nå er det også tilgjengelig for de som ikke er medlemmer.

Dette heftet er på ingen måte en erstatning for å søke om rettigheter til å fremføre Teatersport™. De som ikke har rettigheter til å fremføre og spille Teatersport™ må søke om dette gjennom å ta kontakt med:
admin@theatresports.org.

Layout: Dagmar Bauer konzipiert & gestaltet, Stuttgart, Germany
Illustrasjoner av fotolia.com
Oversatt av Janne Aasebø Johnsen.
Takk til Helen Hansen, Frida Oline Winter, Kristin Boge, Nils Petter Mørland, og Emil Husby for hjelp til oversettelse og språkvask.

INNHOLD

8 INTRODUKSJON
8   Om dette heftet
9   Keith Johnstone
10 Ressurser
10 The International Theatresports™ Institute (ITI)

12 BAKGRUNNEN FOR TEATERSPORT™
12 Hva er Teatersport™?
12 Opprinnelsen til Teatersport™
13 Den globale utbredelsen av Teatersport™?
15 Hva kan vi oppnå med Teatersport™?
15 Innhold

16 VIKTIGE BEGREPER
16 Dette må du vite før du starter
16 Prinsippet
17 Å gjøre feil
18 Teamwork
18 Å være rampete
19 Ferdigheter
20 Terminologi

22 DA BEGYNNER VI
22 Skjult Teatersport™
22 Rask oppstart
23 Hva du trenger for å komme i gang med Teatersport™
23 Teatersport™ forestilling
24 10 minutters forestilling
25 Fri improvisasjon
25 The Danish Game
26 Hovedkampen med utfordringer
27 Variasjon

28 FLERE DETALJER OM TEATERSPORT™
28 Det er umulig å unngå katastrofer
28 Starten på forestillingen
29 Kommentatoren
29 Konkurranse
30 Lag
30 Hvordan lagene skal komme inn
31 Hvordan lagene skal sitte
31 Hvordan lagene skal forlate scenen
32 Dommere
33 Hvordan dommere skal komme inn
33 Hell Judges
34 Hornet
37 Kurven/bøtta
37 Poengsum og dommerkort
38 Rettferdighet
38 Utfordringer
41 Å vinne priser
41 Keiths råd

42 OPPMERKSOMHET PÅ DETALJER
42 Scenografi
43 Tilbakemeldinger
44 Liste over øvelser

46 TIL SLUTT
46 Avsluttende ord
46 Mer informasjon

INTRODUKSJON

OM DETTE HEFTET

Vi håper dette heftet gir nyttig informasjon og inspirasjon til hvordan man spiller Teatersport™.
Heftet er utarbeidet for å gi støtte og veiledning til grupper som nettopp har startet opp, og for grupper som allerede har spilt Teatersport™ lenge som referanse for videre utvikling og fremskritt.

Dere vil finne informasjon om historien til Teatersport™, hvilke ferdigheter som er nødvendig for å spille, samt bakgrunnen og teorien bak konseptet. I tillegg finnes praktisk informasjon om oppbygging, innhold og hvordan best sette de ulike delene sammen når dere spiller Teatersport™. Gjennom hele heftet er det satt inn sitater og inspirerende forslag fra Keith Johnstone, samt innspill til hvordan dere kan gjøre Teatersport™ morsomt og interessant. Innspillene kan også brukes som utgangspunkt for diskusjoner i egen gruppe.

Innholdet i dette heftet kommer i hovedsak direkte fra Keith Johnstone gjennom hans undervisning, skriftlig materiell og samtaler med ham personlig. En viktig bok i denne sammenhengen er Keith Johntones bok "Impro For Storytellers". I tillegg har improvisatører som har praktisert Teatersport™ lenge og som har jobbet med Keith gjennom de siste 40 årene kommet med innspill og kommentarer. Flere av disse improvisatørene har vært styremedlemmer i International Theatresports™ Institute (ITI).

Selv om heftet presenterer noe kunnskap om improvisasjon, fokuseres det primært på Teatersport™. Vi oppmuntrer dere likevel til å utvikle improvisasjonskunnskapene gjennom å studere sammen med godkjente instruktører og bruke varierte ressurser:

Bøker:
IMPRO Improvisation and the Theatre
(tilgjengelig på mange språk)
IMPRO FOR STORYTELLERS
http://www.keithjohnstone.com/writing/
http://theatresports.com/keiths-books/

DVDs
Impro Transformations
Trance Masks
keithjohnstone.com/video/
theatresports.com/dvds-on-keith/

Workshops
The Loose Moose Theatre International Summer School
loosemoose.com
Teachers from the ITI suggested teacher list
theatresports.com/teachers/
ITI member companies (some with training programs)
theatresports.org/our-members/

Vancouver Theatresports - Canada (ca. 1982)

Visste du at ...?
Teatersport™ har vært spilt i over 60 land og på alle kontinenter, utenom i Antarktis!

Nyt Teatersport™-reisen. Vi håper dere finner dette så inspirerende at dere oppdager det samme som tusener av mennesker rundt om på kloden har opplevd siden 1977, nemlig det unike potensiale ved dette formatet.

ITI – **I**nspire **T**he **I**mproviser!

Keith Johnstone

As an improviser, you are not trying to suceed all the time, you're performing risky actions in search of a miracle.

Don't do your best. Make the other people look good. Then you look good.

Make the mistakes and stay happy.

KEITH JOHNSTONE

av Steve Jarand

Keith Johnstone ble født i 1933 i Devon, England. Han hatet skolen da han vokste opp fordi han mente at skolen tok livet av fantasien hans. For å kjempe mot undertrykkelsen av kreativitet og spontanitet begynte han på lærerskolen da han ikke kom inn på universitetet. Keith utviklet egne teknikker som han med suksess innførte i sine klasser på Battersea Comprehensive School. Det førte til at elever som ble stemplet som "gjennomsnittlige" og "umulig å utdanne" utviklet seg.

Avdelingslederen på skolen der Keith arbeidet mente at Keith ikke utførte lærergjerningen på riktig måte. Han gjorde derfor alt han kunne for å avslutte Keiths arbeidsavtale. Heldigvis viste det seg at en inspektør, som var i Keiths klasse på en rutineinspeksjon, ble så imponert over Keiths metoder og de resultatene han oppnådde at inspektøren ga streng beskjed om at skolen måtte gi Keith full frihet til å utvikle sin egen pedagogikk. Like etterpå skrev Keith en liste over "ting som min lærer forbød - som å skjære grimaser" og brukte det som pensum.

I 1956 bestilte The Royal Court Theatre et skuespill fra Keith og han fortsatte å jobbe ved teateret til 1966. Han var uoffisiell sjef for dramaturgiet, produsent og dramalærer. Til slutt ble han assisterende direktør. Som dramalærer begynte han å stille spørsmål ved hvilken innflytelse tradisjonell skole hadde hatt på hans fantasi. Han ønsket å skape skuespillere som var mer spontane og det gjorde han ved undervise det motsatte av det hans lærere hadde undervist. I boken "Impro" skriver Keith: "Da jeg begynte å undervise var det naturlig for meg å gjøre det motsatte av det mine lærere hadde gjort". Jeg fikk mine skuespillere til å skjære grimaser, fornærme hverandre, ta sats uten å se seg for, rope, skrike og oppføre seg dårlig på alle mulige måter.

Det var på denne tiden Keith utviklet en serie med improvisasjonsøvelser for å hjelpe dramatikere til å bekjempe skrivesperre og til å hjelpe skuespillere til å jobbe mer spontant.

Keith stiftet The Theatre Machine i 1960. Dette var en improvisasjongruppe som turnerte i Europa og Nord-Amerika. De ble invitert av den canadiske regjeringen til å opptre på Expo 67. Keith flyttet til Calgary, Alberta i Canada i 1970 og i 1977 startet han sammen med flere andre the Loose Moose Theatre Company. Etter som årene gikk videreutviklet han ulike forestillingsformat som nå er anerkjent over hele verden. Gorilla Theatre™, Maestro Impro™, Life Game og Theatresports™. Teatersport™ har blitt spilt i over 60 land siden slutten av 1970-tallet. Teatersport™ har i tillegg blitt en essensiell del av moderne improvisasjonshumor og har vært en inspirasjon for ulike TV-show som: "Whose Line Is It Anyway?" (UK, US), "De Llamas", (NL) og "Improv Heaven and Hell" (CA) for å nevne noen.

✳ INTRODUKSJON

RESSURSER

Biografisk informasjon
Keith Johnstone -
A Critical Biography by Theresa Robbins Dudeck
The Keith Johnstone Papers
Har dere spørsmål om arkivet til Keith Johnstone eller henvendelser angående Johnstones litterære verk kan dere kontakte Theresa Robbins Dudeck. Hun er leder for Keith Johnstone-arkivet.
trdudeck@gmail.com
theresarobbinsdudeck.com

Keith Johnstone
It's called playing. It's a play. You're a player. Think of that.

THE INTERNATIONAL THEATRESPORTS™ INSTITUTE (ITI)

I 1998, ble The International Theatresports™ Institute (ITI) stiftet. ITI er en demokratisk organisasjon som har blitt betrodd å forvalte Teatersport™. ITI er en medlemsorganisasjon for grupper og enkeltmedlemmer som deler en lidenskap for Keith Johnstones arbeid og ideer.
Hensikten med ITI er:
1. Å fortsette å være en verdensledene autoritet på Johnstones ulike forestillingsformat: Theatresports™, Gorilla Theatre™ and Maestro Impro™.
2. Å skape et levende og engasjerende nettverk der medlemmene deler med hverandre.

Grupper som fremfører en eller flere av følgende forestillingsformat: Theatresports™, Gorilla Theatre™ og/eller Maestro Impro™ må søke om fremføringsrettigheter og de må bli godkjent før de kan utøve noen av de ovennevnte formatene. Rettighetene er ekstremt rimelige og det gis i tillegg ytteligere lettelser til land som har lav BNP. Skoler må også søke om rettigheter, men de må ikke betale gebyr for å få disse. ITI administrerer rettighetene til de ulike formatene. ITI gir i tillegg opplæring og tilbyr ulike ressurser slik at gruppene kan utvikle seg innenfor improvisasjon. Royalty for rettigheter går til å administrere ITI og gi støtte til medlemmene. Keith Johnstone har aldri villet ta imot royalty for Theatresports™, derfor går alle royaltys til å utvikle ITIs service til de gruppene som har lisens.

ITI er til for å gi støtte og for å svare alle spørsmål dere måtte ha i tilknytning til Keiths arbeid. Dette inkluderer ulike improvisasjonsteknikker, øvelser og hvordan dere kan bruke Teatersport™. Ikke nøl med å ta kontakt: admin@theatresports.org.

Teatersport™ var den første formen for improvisasjon som ble utvekslet internasjonalt. Grupper fra hele verden snakket sammen gjennom det felles språket Teatersport™.
Randy Dixon - Unexpected Productions
Seattle, USA

NM i Teatersport™
Norsk Amatørteaterforbund
Lillehammer, Norway
av Ivar Ødegaard

BAKGRUNNEN FOR TEATERSPORT™

HVA ER TEATERSPORT™?

Improguise - Capetown, South Africa
av Candice von Litzenberg

Teatersport™ er et improvisasjonsbasert teaterformat utviklet av Keith Johnstone. Teatersport™ skal underholde, men også utdanne spillere og publikum. Tilsynelatende oppleves det som en "teaterkonkurranse" med ulike lag. For publikum ser det ut som om lagene konkurrerer med hverandre, men det er en iscenesatt kamp på linje med profesjonell bryting (wrestling). Alle som står på scenen har et gjensidig ønske om å skape en dynamisk og interessant forestilling. Dette gjøres gjennom at utøverne er spontane, forteller en historie og støtter hverandre. Teatersport™ kan fremkalle latter, tårer, heiarop og få folk til å tenke; samtidig som publikum blir engasjert og underholdt.

OPPRINNELSEN TIL TEATERSPORT™

*Loose Moose Theatre
Calgary, Canada
(ca. 1981)*
av Deborah Iozzi

*Loose Moose Theatre
Calgary, Canada
(ca. 1981)*
av Deborah Iozzi

Keith Johnstone - Impro For Storytellers pg. 1/2

Theatresports™ was inspired by pro-wrestling. The bouts took place in cinemas (in front of the screen) and the expressions of agony were all played 'out-front'. No theatre person could have believed that it was real. Wrestling was the only form of working-class theatre that I'd seen, and the exaltation among the spectators was something I longed for, but didn't get, from 'straight' theatre.

We fantasized about replacing the wrestlers with improvisers, an 'impossible dream' since every word and gesture on a public stage had to be okayed by her Majesty's Lord Chamberlain.

It was embarrassing to have visiting Russians commiserate with us over our lack of freedom.

I was giving comedy classes in public and the Lord Chamberlain was reluctant to open that can of worms, but Theatresports™ - a competition between teams of improvisers - could not be presented as 'educational'. It was just a way to liven up my impro classes until I moved to Canada.

DEN GLOBALE UTBREDELSEN AV TEATERSPORT™?

Keith la grunnlaget for Teatersport™ da han underviste skuespillere på the Royal Court Theatre på slutten av 1950-tallet. Han testet Teatersport™ foran et publikum rundt om i Europa på 1960-tallet med sin gruppe The Theatre Machine. Teatersport™, slik vi kjenner det, ble vist offentlig første gang i 1977, med en gruppe universitetsstudenter. Det var disse studentene som senere stiftet The Loose Moose Theatre Company i Calgary, Canada. Teatersport™ ble fort et femomen. Publikum kunne ikke tro det de var vitne til. Uredde spillere tok stor risiko og fremførte en forestilling helt ut av løse luften. Energien i teateret var elektrisk og forestillingene ble fort utsolgt.

Ryktet om denne nye forestillingen spredde seg og flere Teatersport™-grupper ble stiftet i rask rekkefølge. Keiths omdømme og pedagogikk førte til ytterligere utbredelse av Teatersport™. Etter kort tid fikk Loose Moose Theatre besøk av gjester fra hele verden som ville lære mer fra Keith og om Teatersport™. Mange av gjestene brakte Teatersport™ tilbake til hjemlandet og utbredelsen fortsatte.

Endringer begynte å vise seg på grunn av en rask og entusiastisk utbredelse av formatet.

Keith Johnstone - Impro For Storytellers pg. 23

When Theatresports™ is played by people who've had minimal or zero contact with me, you may be seeing a copy of a copy of a copy - and with each step it will have become 'safer' and sillier.

Ettersom undervisningen for det meste var muntlig, oppsto tilpasninger på grunn av feiltolkning eller mangel på informasjon. Det gir mening å tenke at man tok en del valg som forsøkte å gjøre ting enklere, siden dette var en ny måte å arbeide på. Resultatet, derimot, var at man ofte reduserte risikoen for å feile. Risikoen for å feile er et hovedaspekt ved Keiths metode. Å fjerne risikoen endrer formatets kreative visjon.

Noen vanlige endringer er å:
· la mesteparten av innholdet være øvelser istedenfor scener
· øke fokuset på konkurranse og fjerne fokuset på teater og historiefortelling
· ikke bruke hornet
· gjøre dommerne til en del av underholdningen, gjennom å iføre dem kostymer og gjøre dem til karakterer

Sentrale elementer i Teatersport™ og Johnstones Impro System er å risikere å gjøre feil, fokusere på historien og støtte de andre man spiller sammen med.

De som modifiserer det som er grunnleggende innenfor Teatersport™ er kanskje ikke klar over at de svekker de ulike forestillingsformatene. Det er forståelig at grupper ofte har vanskeligheter med å finne læringsressurser. Nøkkelspørsmål som hvorfor og hvordan har kanskje ikke vært tilgjengelige for dem.

Hensikten med dette heftet er å bidra til å besvare disse spørsmålene, samtidig som vi ønsker å formidle hva som er det grunnleggende innenfor Teatersport™. Vi håper at denne informasjonen vil inspirere grupper og enkeltpersoner, uavhengig av erfaring, til å knytte seg til det orginale kreative Teatersport™ formatet.

Var improvisasjon ulovlig?! Det er vanskelig å forestille seg, men det er sant!
Teater ble sensurert i Storbritannia.
Offentlige forestillinger med improvisasjon var ulovlig fordi det ikke var et manus som kunne sensureres på forhånd. Noen grupper som driver med impovisasjon må fortsatt håndtere sensur fra offentlig myndigheter.

BAKGRUNNEN FOR TEATERSPORT™

En historie fra Australia.

Når jeg skal undervise i ulike forestillingsformat starter jeg alltid med en "tautrekkingskonkurranse, med imaginært tau" eller "ikke si ord på S" øvelser. Vi overspiller konkurransen på scenen og ser at det reduserer konflikten mellom improvisatørene..
Jeff Gladstone - Vancouver Theatrsports, Canada

Keith Johnstone

Theatresports™ can be funnier and sometimes more significant than the copied versions. What matters is making things happen i.e. storytelling.
Storytelling and good nature and the expression of a point of view require skill. Getting on stage to play games based on audience suggestions is not much of an achievement, and is ultimately less satisfying to either performers or audience.

Da vi begynte å spille Teatersport™ ga improvisasjons-øvelsene mening, men ikke forestillingene. I stedet for å skape den beste forestillingen, som en del av et ensemble, ble forestillingen offer for vårt menneskelige instinkt om å konkurrere på ordentlig. Da ble det vanskelig for oss å fullføre. Vi hadde ikke dommere som var mottakere for publikums vrede og som støttet opp rundt forestillingene. Konferansieren brukte halvparten av tiden til å introdusere lagene og de ulike scenene.
Etter en periode med nyhetens interesse dalte publikumsinteressen, og vi forsto at det var nødvendig å endre en del ting.
Vi skaffet oss veiledning i hvordan vi skulle tette gapet mellom det teoretiske og det praktiske og vi trente på det vi hadde lært. Vi begynte å forstå hvor viktig relasjonen til publikum var og vi lærte oss noen strategier som skulle sørge for variasjon, nysgjerrighet og evnen til å gjøre nye oppdagelser. I forestillingen var det plass for både nye spillere og veteraner. Utgangspunktet var at alle skulle framstå bra. I tillegg klarte vi å spille dobbelt så mange scener innenfor det samme tidsrommet.
Våre spillere elsket å spille og de spilte dobbelt så mye som før. Antall publikum doblet seg og de kom tilbake år etter år. Vi hadde våre lokale særegenheter, men fundamentet var solid. **Nick Byrne - Impro ACT, Canberra**

Visste du at ...

Da Teatersport™ som begrep ekspoderte var det mange som hørte navnet før de i det hele tatt hadde hørt om improvisasjon. Noen steder rundt om i verden er "Teatersport™" fortsatt brukt om hverandre med begrepet "IMPROVISASJON". Ikke all improvisasjon er Teatersport™, men improvisasjon er ferdigheten du bruker i Teatersport™-forestillinger.

Rapid Fire Theatre - Edmonton, Canada
av Marc Julien Objois

Finalekurs MinusManus Tromøya, Norway
av Marius Alstadsæter

Teatrul National Gargu-Mures, Romania av Christina Ganj

HVA KAN VI OPPNÅ MED TEATERSPORT™?

Keith Johnstone - Impro For Storytellers pg. 24

Theatresports™ can:
- Alleviate the universal fear of being stared at;
- Turn 'dull' people into 'brilliant' people (i.e. 'negative' people into 'positive' people);
- Improve interpersonal skills and encourage a life-long study of human interaction;
- Improve 'functioning' in all areas (as it says on the snake-oil bottles);
- Develop story-telling skills (these are more important than most people realize);
- Familiarize the student with the bones of theatre as well as the surface;
- Give the stage back to the performers;
- Allow the audience to give direct input, or even to improvise with the performers, rather than sit trying think up intelligent things to say on the way home.

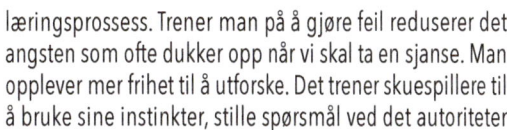

BATS, San Francisco, USA av Stephanie Pool

Teatersport™ og improvisasjonsteknikker har gjennom flere år blitt et nyttig verktøy for å trene spillere og andre innenfor områder som sosiale ferdigheter, gruppedynamikk, kreativ tenking, fremføring av taler og utvikling av lederegenskaper. Det har også vært med på å utvikle ferdigheter innenfor skriving, historiefortelling og kommunikasjon, samtidig som det gir folk tro på seg selv. Teknikkene styrker samarbeid og teambuilding og man lærer hvor viktig det er å akseptere det å gjøre feil, fordi feil er sunt i enhver læringsprossess. Trener man på å gjøre feil reduserer det angsten som ofte dukker opp når vi skal ta en sjanse. Man opplever mer frihet til å utforske. Det trener skuespillere til å bruke sine instinkter, stille spørsmål ved det autoriteter sier, ta gode valg, reagere emosjonelt, handle først og rettferdiggjøre seg selv etterpå.

Legg igjen egoet hjemme!
Shawn Kinley
Loose Moose Theatre,
Calgary, Canada

INNHOLD

En vanlig feiltolkning av Teatersport™ er at det er en forestilling som hovedsaklig fokuserer på å fremføre ulike improvisasjonsøvelser. I virkeligheten kan en forestilling ha få eller ingen øvelser, men når improvisasjon læres bort fokuserer man ofte på øvelsene. Derfor er oppfatningen av at man skal gjøre disse øvelsene veldig forståelig, men Teatersport™ er egentlig en forestilling med improvisert teater og historiefortelling. Bruk av elementer fra sport skal være med å skape en spennende atmosfære for publikum. De ulike øvelsene brukes for å sikre variasjon, men det er ikke meningen at de skal være hovedtyngden i forestillingen. Det er vanlig at ulike grupper som har arbeidet under påvirkning av Keith bruker teaterelementer som masker eller dukker på scenen i de scenene de improviserer. Grupper kan også utforske elementer som bevegelse, klovning og følelser, eller de kan fokuserer på historie, religion, samfunnsmessige og dagsaktuelle hendelser. Teatersport™ er å skape en annen form for teater.

Improvisasjon er en risikosport og alle liker å se noen som leker med ilden.
Antonio Vulpio
Teatro a Molla, Bologna, Italy

VIKTIGE BEGREPER

DETTE MÅ DU VITE FØR DU STARTER

Du vil få større utbytte av Teatersport™ hvis du starter med å trene på improvisasjonsferdigheter og forstår bakgrunnen for de ulike forestillingsformatene. Spillerne må lære å akseptere hverandres ideer og sammen skape historier. Dette er byggesteinene som brukes i forestillingene eller scenene. Det er naturlig for spillere å beskytte seg selv fra å drive en histore fremover eller ikke tillate at andre spillere får noen som helst kontroll. Selv om dere spiller en scene med en imaginær løve, vil spillere ofte respondere på oppspillet "putt hodet ditt inn i munnen til løven" med "du først". Da blokkerer du for videre spill. Vi forstår at det er et sterkt ønske om å spille forestillinger, men vi oppfordrer dere til å lese gjennom resten av dette heftet, snakke med en ITI-kursholder og lese det Keith Johnstone har skrevet. Dette vil hjelpe dere til å forstå hvert enkelt forestillingselement og hvordan de er spesialdesignet for å kunne produsere og fremføre Teatersport™.

PRINSIPPET

Keith har arbeidet frem en helt spesiell teknikk for improvisasjon og fremføring. Grunnlaget for dette arbeidet forstås gjennom prinsippene som ligger bak.
Prinsippene går blant annet ut på å:

· være leken
· støtte partneren og verdsette deres ideer
· ta risiko og vær modig
· være ærlig og sårbar
· være positiv
· lære å gjøre feil grasiøst og med godt humør
· jobbe i team
· være rampete

La oss se nærmere på noen av punktene ...

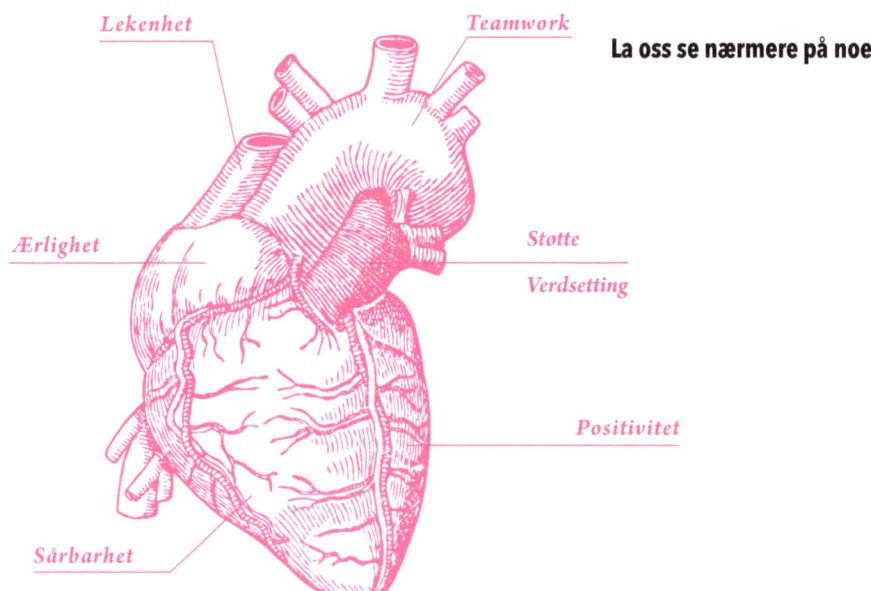

Å GJØRE FEIL

Når vi gjør feil føler vi ofte at de rundt oss dømmer oss. Vi kan oppleve stress og mistenkeliggjøring. Dette skjer selv om vi vet at vi lærer gjennom å gjøre feil og vi må være forberedt på at det kan gå galt når vi tar sjanser. For at spillere skal kunne spille fritt må de omfavne muligheten

Keith Johnstone - Theatresports™ and Lifegame Newsletter - Issue Number 1, 1989

> From the beginning of his training the student should be taught not to frown, not to tense up the muscles, not to sweat and moan and suffer when he fails. No one pays money to see that; we can get that at home.
> Failure should be welcomed as an essential component of any game, and as an opportunity to show your generosity and good nature. Fail and stay happy and the audience think you're lovable and charming: they want to cuddle you and buy you drinks. Scowl, look pissed off and full of rage, and you seem detestable, spoiled, self centered and unsportsmanlike. I've seen Wimbledon Champions that I'd hate to be in the same room with; ill-humour and malevolence don't matter in tennis, but such behavior is a disaster in theatre where it doesn't really matter who wins, but where the spectators have got to have a good time, have got to relax and enjoy themselves and should love and admire the performers.

for å gjøre feil gjennom å ta sjanser. Resultatet av denne måten å tenke på er at vi kan vise publikum at en god improvisatør kan snuble gjennom groper med krokodiller og helvetesflammer og komme ut av det med glimt i øyet, ubeseiret av det som ville slått en vanlig person i bakken.

Keith Johnstone - Theatresports™ and Lifegame Newsletter - Issue Number 1, 1989

> I used to think that I should try to prevent the student from ever experiencing failure – I thought I could do this by always selecting exactly the right material and by grading it in tiny steps. These days I think it is more important to teach ways of dealing with the pain of failure. I tell the students blame the teacher, laugh, never demonstrate a determination to try harder.
> The audience likes to see failure, but they don't like to see the performer punish himself.
> The reason why so few people understand the value of failure, is that it is usually tied to horrible self-punishment which is nothing to do with learning (muscle tension probably makes learning more difficult) and is purely defensive.

Theater Anundpfirsich, Zurich, Switzerland
av Mike Hamm

> Det jeg lærte av Teatersport™ var å være komfortabel med å gjøre feil. Spesielt fordi sjansen for å gjøre feil var så høy. Det gjør deg modig.
> **Collin Mocherie**

VIKTIGE BEGREPER

➡ TEAMWORK

Teatersport™ ER teamwork. Det som er interessant er at vi ofte ser to lag som tilsynelatende konkurrerer med hverandre, men i realiteten består det hele av ETT lag som inneholder ALLE spillere, teknikere, frivillige og publikum.

Vi kjemper mot kjedsomhet, sikkerhet og middelmådighet. Dere vinner når dere har det gøy, føler entusiasme og får sterke, positive minner. Teamwork er grunnlaget for alle improvisasjonsteknikker. Vi støtter og aksepterer hverandres ideer slik at det er mulig å ta kreative sjanser. Grunntanken er å støtte hverandre og det gjør vi også når vi opptrer. Hvis et lag nekter å hjelpe det konkurrerende laget i en scene kan de kanskje vinne utfordringen, men de ender opp med å sende motstridene signaler om hva improvisasjon er. Det handler ikke om individuell ære, men å fokusere på å hjelpe hverandre med å gi publikum en god forestilling. Når et lag hopper inn og hjelper det motsatte laget får publikum en bedre opplevelse. Det som får publikum til å komme tilbake uke etter uke er kvaliteten på forestillingen. Deltakernes belønning er at at bedriften eller organisasjonen de representerer har suksess.

Picnic Improvisación Teatral
Bogota, Colombia
📷 *av Romina Cruz*

➡ Å VÆRE RAMPETE

Keith oppmuntrer alltid til å ha en balansert mengde med rampete oppførsel. Han ønsket at publikum skulle se på spillerne som "lykkelige, frie skapninger som var løslatt fra burene sine" en gang i uken, men at de noen ganger var litt vanskelig å kontrollere. Lek og litt rampete oppførsel utfyller hverandre, så lenge det er med glimt i øyet.

Rampete oppførsel må ikke ødelegge eller forstyrre forestillingen. Det er for eksempel ingen som har interesse av å se på noen som krangler om poengsummen.

Rampete oppførsel skal tilføre noe til opplevelsen, for eksempel:
En spiller "forsinker spillet" gjennom å smiske med dommerne eller ta bilder av dem.
En spiller insisterer, uten stans, på at lagkameratene og ikke spilleren selv skal ha æren av å spille neste scene.
Et av lagene prøver, gjentatte ganger, å starte opp en egen liten forestilling foran noen få utvalgte publikummere.

Keith Johnstone - Impro For Storytellers pg. 20

If misbehavior is understood, everyone becomes bolder. It works best if it is used to fill dead time. Avoid it and there will always be something slaveish about your work.

FERDIGHETER

Det er ikke uvanlig at grupper lærer seg en forenklet forklaring på ulike improvisasjonsteknikker. For eksempel: "si alltid ja, si aldri nei". Aksept er en viktig byggestein, men det å akseptere inneholder mer enn bare å si ja. Vi trener på å akseptere og gi hverandre støtte slik at alle spillere skal kunne ta kreative sjanser uten frykt for å bli dømt eller latterliggjort. Når vi har forstått denne byggestenen må vi se på hvordan vi kan omgjøre ideene til historier som kan glede publikum. Ferdigheter som må være til stede er: å være fryktløs, ta kreative sjanser, omfavne feil, gi fra seg kontrollen, akseptere og støtte andre. Disse ferdighetene er ofte undertrykket i vårt daglige liv og det kan ta tid å utvikle og vedlikeholde disse ferdighetene.

Hvis du ønsker en vennlig småkrangling med det andre laget lat som om du undertrykker latter.
Nils Petter Mørland
Det Andre Teatret, Oslo, Norway

Keith Johnstone

Don't do your best because it causes instant stage fright. When you see experienced improvisers (or mountaineers) doing their best it's because they're in trouble.

Her er ytterligere informasjon om improvisasjon etterfulgt av øvelser fra IMPRO FOR STORYTELLERS:

Spontanitet/å være tilstede i nået
Frykten for å gjøre feil og ønske om å være godt likt får oss til å tenke gjennom hva vi skal gjøre videre. Som spillere/improvisatører trenger vi å øve på å være tilstede akkurat nå, ellers klarer vi ikke å høre eller legge merke til hva som skjer, vi klarer ikke å reagere ekte og vi får ikke til å samarbeide med partneren vår.
- Wide Eyes – pg. 205/206
- Emotional Sounds – pg. 268-270
- Emotional Goals – pg. 184/185
- Hat Games – pg. 19, 156-161
- Mantras – pg. 270-274
- Sandwiches – pg. 236/237

Å gi slipp på kontrollen
Når vi føler frykt prøver vi å kontrollere kropp og tanker på en slik måte at vi mister kontakten med følelsene og vi klarer ikke å være avslappet. Øvelser som er laget for å frigjøre spillerne fra ansvar kan være frigjørende.
- Tug of War pg. 57/58
- Word at a Time – pg. 114-115, 131-134, 329
- One Voice – pg. 171-177
- He said/she said (Stage Directions) – pg. 195-199
- Dubbing (Synchro) – pg.171-178
- Moving Bodies – pg. 200-202

Bevegelse
For å forsvare seg selv kan spillere snakke for mye eller overforklare følelser og ønsker. Et alternativ til dette er å spille med kroppen. Da kan kroppen fortelle historien istedenfor intellektet.
- Justify the Gesture – pg. 193-195
- Gibberish – pg. 185/186, 214-219
- Changing the Body Image – pg. 276-277
- People as Objects – pg. 303-304
- Sit/Stand/lie – pg. 366/367

Status
Vi er alltid i et forhold til andre og status er et sentralt ord. Når vi spiller med ulik status kan vi utfordre, forbedre eller rote til denne statusen og da kan vi avsløre dramatiske og fascinerende menneskelige samhandlinger.
- Various status exercises – pg. 219-231
- Master/Servant – pg. 240/241
- Making Faces – pg. 162-168
- Pecking Orders – pg. 168

Fortellinger/historiefortelling
For å skape en interessant forestilling med improvisert teater trenger spilleren å utvikle en evne til å fortelle hist-

VIKTIGE BEGREPER

orier. Det er viktig å ikke være avhengig av øvelser, vitser eller uskyldige spøker. For publikum er alt en del av fortellingen og det er viktig at vi forstår hvordan vi kan skape og utvikle ulike historier.

· Various Story Games – pg. 130-154
· What Comes Next – pg. 134-142
· Typing Game – pg. 151-154
· Word at a Time – pg. 114-115, 131-134, 329

En naturlig fallgruve er at vi forsøker å unngå det som er farlig eller ukjent og at vi da kan ødelegge historiefortellingen. Regissører og lærere må være klar over det som gjør at vi unngår å forfølge historien og de må oppmuntre spillerne til å fortsette uten frykt.

En historie fra Canada

På slutten av en forestilling spilte Roman Danylo i en "DIE GAME" for å finne ut hvilket lag som skulle vinne. Alle spillere står sammen og skal fortelle en historie. Den som leder øvelsen peker på en av spillerne som begynner på historien, men lederen kan når som helst peke på en annen spiller. Da skal den første stoppe, midt i ord og setninger, mens den som blir pekt på skal ta over. Roma Danylo klarte ikke å fortsette sin del av historien og fremførte derfor en scene hvor han skulle bli overkjørt av en bil. En av spillerne på det andre laget begynte umiddelbart å gi han førstehjelp, børstet støv av klærne hans og reddet han. Publikum lo og de neste fem minuttene så de scener hvor Roman skulle ende sitt liv, mens spillere på begge lag forsøkte å redde han. Ingen husker hvem som vant denne kvelden, men de husker den morsomme avslutningsscenen.

Shawn Kinley, Calgary

TERMINOLOGI

Keith har utviklet en terminologi for å beskrive vår motstand mot å lære og hvordan vi kan ødelegge historiefortellingen.

Nedenfor er et utdrag fra ett av Keiths nyhetsbrev. Han bruker historien om Lille Rødhette for å illustrere det han mener:

Forestillingen skal vise alle sider ved livet.
Nadine Antler
Steife Brise, Hamburg, Germany

Keith Johnstone - Theatresports™ and Lifegame Newsletter - Issue Number 1, 1989

Canceling:
Little Red Riding Hood was about to leave the house when Grannie phoned up and said 'Don't come.'

Sidetracking:
she set out with a basket of cookies and stopped to throw stones in the river. Soon a raft came by and she hopped on ... etc. (anything rather than meet the wolf)

Being Original:
(originality used as a way of sidetracking) – Little Red noticed something grey moving through the trees, at that moment she entered a time warp that took her back to the sixteenth century ...

Wimping:
This is usually a refusal to define i.e. Little Red met a big, huge, hairy, grey, friendly ... animal ... in the Forest. (I swear improvisers will operate this way, removing the foundations of the story by refusing to identify the things they are interacting with).

Conflict:
(when used to freeze action) "What big teeth you have Grandma?" "What's wrong with my teeth?" "Well, they are big!"
"Let me see the mirror. My teeth are fine." "They're ugly."
"Rubbish."
And so on.

Instant Trouble (Instant Conflict):
Little Red stepped out of the front door and the Wolf gobbled her up.

Games (agreed activities):
Little Red gets to the cottage and she and Granny play table tennis all afternoon.

Hedging:
"Now you know Grannies' not been well, she lives on her own. I've told her it's silly but she won't listen. She's got arthritis, and it's difficult for her to look after herself..." And so on. Mum may never get to the point of actually giving Little Red the basket.

Gossip:
"Do you remember when I sent you with that basket of Cookies to Grannie?"
"Oh yes, I met the wolf!"
"Yes, that was before we had his head hung over the mantelpiece."
"I told him what big teeth he had."
"And he gobbled you up. The kettle's boiling. I'll make some Ovaltine."
"And it was a terrible shock to meet Grannie inside him."

Blocking:
"Are you going to see your Grannie, little girl?" "I don't have a Grannie!"

Negativity:
"All the better to gobble you up!"
"Oh well, if you must. God! Wolves are so boring." (this response is also a gag)

Gagging:
(see above) Little Red is a black belt and hurls the Wolf all over the room. i.e. she stays out of trouble.

As you probably realize, all of these techniques (perhaps with the exception of gagging) can be used to enhance a story instead of killing it. It's usually very clear when an improviser is working against narrative, and, with practice, easy to correct him.

Again! Productions - Paris, France
av Romain Sablou

Vinne eller tape, det er publikum som er vårt fokus.
Når noen taper med glede gir det publikum større utbytte enn de som viser at de er dårlig tapere. Når publikum vinner, kan ikke du tape.
Shawn Kinley
Loose Moose Theatre
Calgary, Canada

Teatrul National Gargu Mures, Romania av Christina Ganj

DA BEGYNNER VI

SKJULT TEATERSPORT™

Keith Johnstone – Impro For Storytellers pg. 6/7

Let's say that students in an Impro scene are gabbing away and paying no attention to each other (because if they listened to what was being said they might be obliged to alter). You might slow them down by saying that the first student to use a word that includes an 's' loses the game; for example:

- 'Good morning, Dad.' - 'You came in very late last night, Joan!'

Dad loses (because the word 'last' contains an 's'). Of course, if he'd been paying attention, he could have said something like: 'You came in very late … er … long after midnight, Joan!'

Students enjoy this game more if you split them into two teams and award the winner of each 'round' five points. They will now be playing a version of Theatresports™.

Add more games. Say that the first player to kill an idea loses, for example: - 'You seem out of breath. Been running?' - 'It's my asthma …'

This asthma attack loses because it rejects the idea about running.

Or add a game in which you lose if you say anything that is not a question. - 'You want to interrogate me?' - 'You're a suspect, aren't you?' - 'Shall I sit down here?' - 'That's my chair.' The suspect wins.

RASK OPPSTART

Hvordan introdusere Teatersport™ til en klasse for første gang.

1. Ikke nevn ordet Teatersport™.
2. Lær klassen en konkurranseøvelse - for eksempel "the Hat Game".
3. Foreslå at dere deler inn i to lag, med tre eller fire deltakere på hvert lag.
4. Hvis det tredje steget var morsomt, utnevn en dommer.
5. Utnevn en kommentator.
6. Fortell dem at de spiller en forenklet form for Teatersport™.
7. Be lagkapteinene om å velge tre eller fire spillere hver. Utnevn tre dommere og en som holder orden på poengene. (ETTER HVERT)
8. Be lagene om å utfordre hverandre på bakgrunn av hva de kommer på, for eksempel den beste scenen om "herre-tjener" eller til en "rævkrok", eller til å gjøre den mest skremmende scenen de kommer på. De kan utfordre hverandre til hva som helst.
9. Oppmuntre de som ser på til å være stolte av og heie på sitt lag. Resultatet blir en enorm entusiasme.
10. Gi hver av dommerne et sett med poengkort, fra en til fem. I tillegg må de få et signalhorn som de kan bruke når scenene blir kjedelige.
11. Etter hvert kan dere gi kommentatoren en mikrofon og dere kan utnevne "techies" (lyd-og-lys improvisatører) og "snoggers" (scenografer).

Impro Now Adelaide, Australia
av Tracey Davis

Hvis du introduserer disse ideene steg for steg vil elevene og studentene føle at de har funnet opp spillet selv. Hvis det er gode vilkår vil konkurransen generere et ønske om å forbedre teknikken. Læreren blir da en ressurs for studenter som er ivrige etter å mestre de ulike ferdighetene - en utmerket undervisningssituasjon.

HVA DU TRENGER FOR Å KOMME I GANG MED TEATERSPORT™

Spillere - improvisatører
Tre dommere
· en mynt
· et signalhorn - se på side 34 i dette heftet for ytterligere forklaring
· en kurv/bøtte som er stor nok til å dekke en persons hode - se på side 37 i dette heftet for ytterligere forklaring
· poengkort som er merket 1-2-3-4 og 5 på begge sider av kortene. Kortene må være store nok til at de som sitter bakerst kan se dem.
En kommentator/moderator/ombudsperson
En moderator/ombudsperson
· en mikrofon hvis det er nødvendig
En som holder oversikt over poengene
· poengtavle
· tusj, kritt eller nummerskilt til å henge på poentavlen
Et sted å opptre
· scene, fortrinnsvis med sidescene og muligheter for inn- og utgang
· et sted for å plassere lagene og dommerne
· møbler, kostymer, rekvisitter for spillere og scenografer - se på side 42 i dette heftet for ytterligere informasjon
Lystekniker
· lys som kan dimmes hvis det er mulig
Lydteknikker/musiker
· lydutstyr/PC og/eller intrumenter

Start komfortabelt. Det er bedre å komme på bølgelengde enn å være overentusiastisk.
Shawn Kinley
Loose Moose Theatre,
Calgary, Canada

Keith Johnstone

The opening shouldn't be too good. Make some mistakes.

TEATERSPORT™ FORESTILLING

Keith beskriver en typisk forestilling (sirka 1980).

Keith Johnstone - Impro For Storytellers pg. 2/3

Theatresports™ at Loose Moose

It's two minutes past eight on a Sunday evening and the smell of popcorn tells you that you're in the presence of something populist. The opening music starts, and the spectators begin to cheer as a follow-spot weaves over them. It settles on the Commentator, who stands in front of a scoreboard high up to the right of the semicircle of the audience.

He/she welcomes the spectators and breaks the ice, perhaps asking them to: 'Tell a stranger the vegetable that you most hate!' or 'Tell someone a secret you've never told anyone!' or 'Hug the stranger closest to you.' (I'm amazed that our spectators will agree to hug each other.)... The Commentator now becomes a disembodied voice that eases any difficulties, (and) explains the finer points. This voice can comment briefly without being intrusive, whereas emcees have to speak in paragraphs to make their interruptions seem worthwhile. 'Can we have the traditional boo for the Judges!' says the Commentator. This is a way of giving the audience permission to boo later on (should the urge take them).

Three robed Judges cross the stage to sit in the moat that surrounds our acting area. Bicycle horns hang around their necks (these are the 'rescue horns' used to honk boring players off the stage). Their demeanor is serious, it being less fun to boo light-hearted people.

On a typical night the Commentator might introduce: 'a ten-minute challenge match played by two of our rookie teams. Give the Aardvarks a big hand . . .'
Three or four improvisers scamper on from the side opposite their team bench. This allows us a view of them as they cross the stage. 'And now, a round of applause for the Bad Billys!' Teams should enter as a group, not as individuals, i.e. no 'stars' (too show-bizz.)

10 MINUTTERS FORESTILLING

The Court Theatre - Christchurch, New Zealand
av Rachel Sears

En 10 minutters forestilling er en kort forestilling hvor ferske spillere utfordrer hverandre. Det er viktig at kommentatoren nevner at spillerne i denne forestillingen er ferske. Det fjerner stresset fra dem og justerer publikums forventninger.

Fordeler med 10 minutters forestillinger:
Nye spillere får en kort, trygg og kontrollert erfaring på scenen. Spillernes beste instruktør er erfaring.
Publikums forventninger blir nedjustert fordi prestasjonene til nye spillere ikke er så solide som for spillere/improvisatører som har gjort dette i 20 år eller mer.
Det viser publikum at improvisasjon ikke er så lett som det ser ut som.
Kvaliteten på de ulike scenene vil forbedre seg i løpet av forestillingen.

Forestillingen kan spilles som en "Judge's Challenge Match" der dommerne kommer med utfordringene, eller som en "Challenge Match". Sistnevnte kommer vi tilbake til. Det er nyttig for nye spillere at dommerne er ansvarlig for utfordringene.

> Oppfør deg som en atlet, men tenk som en improvisatør.
> **Nils Petter Mørland**
> **Det Andre Teatret,**
> **Oslo, Norway**

Keith Johnstone - Impro For Storytellers pg. 3-5

'A Judge and two team captains to the centre,' says the Commentator.
A coin is tossed, and perhaps the winner will create some benevolence by saying: 'You make the first challenge.'
A player crosses into 'enemy territory', and says: 'We, the Aardvarks, challenge you, the Bad Billys, to the best scene from a recent movie!' (or whatever). 'We accept!' say their opponents.

Each team improvises their 'movie' scene (challengers going first), and the Judges award points by holding up cards that range from one to five: five means excellent, one means bad, and a honk from a rescue horn means 'kindly leave the stage'. Challenge follows challenge until an agreed time is reached.
Sometimes there are 'one-on-one' challenges, in which players from the opposing teams perform together - perhaps in a 'one-on-one love scene to be judged on sincerity and truth' (one-on-one scenes may involve several players from each team). Challenges can be to anything (at the discretion of the Judges) - for example, Bruce McCulloch's challenge to 'the best scene completed in the length of time that I can submerge my head in a bucket of water'.

Teams add variety by challenging to scenes in mime, or in gibberish, or in verse, or in song, and so forth, while the Sound Imps (Sound Improvisers) supply thunder, or explosions, or blue-grass music, or 'The Ride of the Valkyries' or punk rock, or 'The Dance of the Sugar Plum Fairy', or 'vampire music', or love themes, or flushing toilets, or whatever else is appropriate.

This beginners' game is usually followed by a fifteen-minute Free-Impro in which a 'trainer' gives a class (exactly as I did with the Theatre Machine in the sixties).

FRI IMPROVISASJON

Keith Johnstone

...a short class in training improvisers - especially those who were not able to get on a team, and to please the audience by letting them in on the secrets- the techniques - of the game - and can sometimes be the funniest part of the evening. (Explanations are minimal - in no sense is it a lecture. If the players understand, so will the audience - at least they will when they see the instructions applied.)

Lederen av økten med fri improviasjon er en kombinasjon av workshoplærer og dyrepasser. Spillerne er "glade apekatter" som bare ønsker å være på scenen. (Noen ganger er det nødvendig å iverksette tiltak for å holde dem under kontroll). Husk at det er bedre at fem spillere spretter frem når lederen sier: "jeg trenger to personer", enn at lederen må be spillerne om å delta. Det dere føler - "redd og nervøs" eller "leken og glad" - smitter over på publikum.

Fri improvisasjon kan inneholde:
· eksempler på blokkering og akseptering og hvordan entusiasme påvirker arbeidet
· "The attitude exercise" for å vise hvor interessant det er for spillere/improvisatører å ha en tydelig holdning til andre utøvene. (Se Impro For Storytellers pg. 233)
· statusøvelser
· spill med masker
· eksempler på øvelser som sjelden brukes i en forestilling, for eksempel: Hånd på kne (Hands On Knees), Grimaser (Making Faces), Ja, la oss! (Yes), Snakke med én stemme (Speaking in one Voice) etc.

Fri improvisasjon kan hjelpe ferske spillere til å utvikle bedre selvtillit. Det er ikke meningen at man skal bruke dette hver eneste gang, men bruk det hvis forestillingen trenger det eller for å utvikle spillere og lære opp publikum. Dere kommer antagelig til å bli overrasket over hvor engasjert publikum blir når de får innsikt i "hemmeligheter".

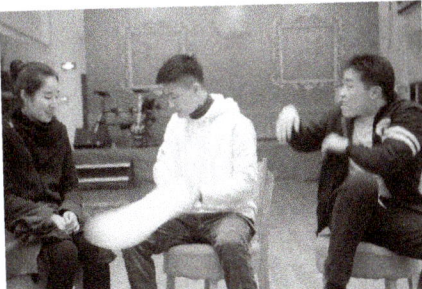

Beijing Horse Horse Tiger Tiger Culture Communication Inc. China av Zeng Cheng

Allow the audience to be honest.

Keith Johnstone

THE DANISH GAME

Keith anbefaler at grupper begynner å trene på The Danish Game fordi den er lett å få til og arrangere.

Keith Johnstone - Impro For Storytellers pg. 4/5

The Free-Impro is usually followed by a Danish Game (so called because I developed it in Denmark at a time when we wanted to emphasize the international appeal of Theatresports™).

The Judges leave, and an 'Ombud' explains the penalty basket (if it hasn't already been used), and tells the spectators that after each pair of challenges they'll be asked to shout the name of the team that 'did the best scene'. He/she drills them into yelling as loudly as possible.

Some prissy Theatresports™ groups ask the audience to hold up colored cards to indicate the team they prefer, but that's gutless compared to shouting a team's name as loudly as you can.

> After each pair of challenges, the 'Ombud' reminds the spectators of the scenes they've just been watching (because laughter interferes with transfer from the short-term memory). 'Did you prefer the love scene in which the Executioner eloped with the Prisoner? Or the love scene in which the aged Janitor said a tearful farewell to his broom? On the count of three - One! Two! Three!'
>
> The winners earn five points, and a new challenge is issued. Sometimes there has to be a re-shout, and team names may have to be yelled separately, but even if we had a 'decibelometer' or whatever, we'd never use it. Yelling en masse is good for the soul.

Lagnavnene må ha like mange stavelser, hvis ikke vil de som har det lengste navnet ha fordeler når publikum roper ut navnet på det laget de ønsker skal vinne. Hoi-ing og plystring bør ikke forekomme under bedømming, for da vil det være vanskelig å høre hvilket lagnavn publikum roper.

Keith Johnstone

Remove the risk, the competition and the failure and you take the 'sport' out of Theatresports™

Moderatoren (ombudsperson) i The Danish Game er ikke den samme som kommentatoren på resten av forestillingen. Moderatoren skal forklare The Danish Game og ta imot stemmer. Moderatoren kan også bruke hornet eller kurven/bøtta som straff. Kommentatoren annonserer poengsummer og avklarer ting underveis, gjerne gjennom bruk av mikrofon. I tillegg er det kommentatoren som takker lag og moderator.

HOVEDKAMPEN MED UTFORDRINGER

Loose Moose Theatre - Calgary, Canada
av Deborah Iozzi

Hovedkampen er at det ene laget utfordrer det andre laget til å spille en scene. Begge lagene spiller en scene hver med utgangspunkt i utfordringen.
Lag én utfordrer lag to.
Det laget som utfordrer begynner.
Lag én gjennomfører utfordringen.
Det andre laget sitter utenfor scenen, men er synlig for publikum. De vurderer hvordan de skal løse utfordringen (uten å forstyrre de som spiller) for å lage variasjon i forestillingen.
Lag én får poeng.

Lag to gjennomfører utfordringen og får poeng.
Deretter er det lag to sin tur til å utfordre lag én. Det er de som utfordrer som begynner.
Dommerne forsøker å avslutte forestillingen etter en bra scene. Det betyr at lengden på forestillingen må være fleksibel.
Forestillingen avsluttes med at en vinner blir kåret. Deltakerne oppfører seg som de var deltakere på et sportsarrangement, de tar hverandre i hendene og de vinker til publikum. Kommentatoren ønsker alle "en fortsatt god kveld" og "vel hjem".

Keith Johnstone - Impro For Storytellers pg. 5/6

> Our audience are out of the theatre by ten o'clock at the very latest, and if the performance has gone well, you'll feel that you've been watching a bunch of good-natured people who are wonderfully cooperative, and who aren't afraid to fail. It's therapeutic to be in such company, and to yell and cheer, and perhaps even go on stage with them.
> With luck you'll feel as if you've been at a wonderful party; great parties don't depend on the amount of alcohol but on positive interactions.

VARIASJON

Variasjon er veldig viktig i en Teatersport™-forestilling. En spiller/improvisatør må tilstrebe mangfold på samme måte som Shakespeare skrev inn komiske karakterer i sine tragedier og at man på sirkus benytter seg av en sjonglør før "farlige" nummer.

Spillere må være bevisst på å tilføre variasjoner fordi de, helt ubevisst, kan repetere mønstre. Variasjon hindrer at forestillingen har det samme innhold, tema eller tempo.

Vær oppmerksom på variasjoner som:
- lengden på scener - spiller ett lag en lang scene kan man svare med å spille en kort
- antall spillere på scenen - har ett team en soloscene kan man svare med å ta med mange
- visuelt – hvis et lag spiller en scene uten hjelpemidler, kan det andre laget bruke møbler, lys eller gå ut i publikum
- innhold - hvis scenen er en kjærlighetsscene, ikke gjør det samme
- sjanger – hvis en scene er morsom, følg opp med en lavmælt, enkel, sakte eller stille scene
- målet er ikke at alt skal være morsomt, målet er historiefortelling

Keith Johnstone - Impro For Storytellers pg. 9/10

The Aardvarks leap onstage to present their scene.
'Wait!' I say: 'That's how the other team arrived. Isn't there some other way to express good nature and playfulness?'
They're baffled.
'Wish your colleagues good luck. Shake hands with them. Pretend they're boxers and that you're their seconds. Towel them. Mime putting gum-shields in their mouths. Announce them as the "Undefeated Winners" at this particular game. Let them sign autographs. You can't convey good nature, courage, affection and playfulness by being obedient!'
'But won't the Judges start to count us out?' - 'I hope so [anything for variety] but when they do, just start the game!'
The Judges count out if the Team is being too slow. It shouldn't always happen.
In Europe the entire audience counts the players out before every scene. They should do it when the Judges do it. Sometimes a team needs more than 5 seconds and yet are not wasting time.
They are about to launch into their master-servant scene.
'Just a moment. There's a table and two chairs onstage, but that was the previous scenography. How about working on an empty stage? Or why not drag on the boat? Why not invite some audience members on to the stage and have them be distorting mirrors in a fun-fair.'
They remove the furniture while their team-mates sit in the moat and look bored.
'Whoa! Be eager to assist your colleagues [even if they're members of the other team]. This is theatre, not the work-a-day world where people are mean spirited and drag themselves about with "marks of woe".'
The Aardvarks begin their scene.
'Wait!' - 'What now?'
'The other scene was set in a castle, and so is this one. Why not be two lighthouse keepers playing golf? Or God being massaged by one of the angels? Never repeat what the other team did unless they were so incompetent that you can say: "We'll show you how they should have played that scene!"'

FLERE DETALJER OM TEATER-SPORT™

DET ER UMULIG Å UNNGÅ KATASTROFER

Keith Johnstone - Impro For Storytellers pg. 12

The first time a group works in public they may be so humble, so vulnerable, that the audience's heart goes out to them. Next time, or the time after, they'll leap onstage without a trace of humility, and the audience will say to itself: 'So they think they're funny? Let's see them prove it!' and the glory turns to ashes. Yo-yoing between arrogance and humility when you're a beginner is as inevitable as falling off when you learn to ride a bike.

Det er viktig å opptre foran et publikum. Ikke gjem dere eller prøv å bli perfekte før dere tar sjansen. Grupper som bare øver for seg selv fordi de vil bli perfekte vil sjelden tørre å spille foran et publikum. Det er synd fordi dere lærer mye fortere når dere spiller foran et vanskelig publikum enn foran gode venner.

Keith Johnstone

We need a bad scene right about now.

Samfunnets verdier er perfeksjon, suksess og sikkerhet. Teatersports™ verdier er spontanitet, å gjøre feil og å ta sjanser.
Patti Stiles
Impro Melbourne, Australia

STARTEN PÅ FORESTILLINGEN

Fyrverkeri og fanfarer ...?
Noen grupper tror at de må ha en grandios åpning i begynnelsen av forestillingen for å varme opp publikum. De ønsker å skape spenning og energi gjennom å gå høyt ut.

Denne tilnærmingen går imot grunnlaget for improvisasjon fordi:
· spillere kan bli engstelige for om de klarer å leve opp til forventningene
· man gir publikum forventninger om at hele forestillingen vil være fylt av fanfarer og fyrverkeri og da kan en åpen, tom scene etterpå virke for enkel
· det kan skremme publikum og hindre noen fra å delta som frivillige
· det kan skape en form for konkurranse om å komme med det mest kreative forslaget. Noen publikummere kan føle at de må leve opp til forventningene med sine forslag. Det gjør det nesten umulig å komme med ærlige, enkle og sanne forslag.

Hvis publikum føler at forestillingen var bedre i begynnelsen enn på slutten, eller hvis de føler skuffelse over en form for falsk entusiasme kommer de ikke tilbake.

Begynn heller forestilling med at kommentatoren ønsker velkommen og skaper en positiv stemning som støtter spillerne når de kommer på scenen. De trenger støtte for å tørre å ta sjanser.

Keith Johnstone

Most groups don't understand how competetive they are.

KOMMENTATOREN

Vi bruker begrepet kommentator istedenfor å si vert eller konfransier fordi ingen er vertskap for Teatersport™. Jobben til kommentatoren er å åpne og avslutte forestillingen, introdusere, avklare og sørge for at forestillingen har fremdrift. De skal fasilitere forestillingen slik en kommentator gjør på fotball- eller boksekamper. De sitter ved poengtavla og snakker i mikrofonen. Hvis det er mulig kan poengtavla ha separate lys som slås av og på avhengig av poengoppdateringer. Kommentatoren kan gå inn i dette lyset innimellom. Kommentatorens ansvar er å:

- være effektiv og sjarmerende
- forklare det som skjer i forestillingen slik at publikum kan slappe av og ha det gøy
- introdusere spillere, dommere, moderatorer etc.
- sørge for overgang mellom en del av forestillingen til en annen del
- hjelpe lag og dommere (hvis det er nødvendig) med hvem som skal utfordre og spille
- annonsere hvilke poeng dommerne gir, i tilfelle publikum ikke kan se poengkortene
- forklare elementer i forestillingen for publikum, for eksempel: hornet brukes av dommerne når de synes en scene er kjedelig. Da må spillerne forlate scenen med en gang, men scenen vil likevel få poeng.

Det er veldig viktig at kommentatoren ikke konkurrerer med spillerne om oppmerksomhet og latter.

*Loose Moose Theatre
Calgary, Canada*
📷 *av Kate Ware*

Keith Johnstone - Impro For Storytellers pg. 9

Let's say that the scene is over and the Judges are slow in giving their score - what does the Commentator do?' 'Tell them to hurry up?' 'That's a bit high status. Say: "And the Judge's scores are . . ." If nothing happens, drop hints. Say quietly: "The Judges are taking their time over this decision", or: "The audience are getting restive." Never seem bossy or aggressive.

KONKURRANSE

Keith Johnstone - Impro For Storytellers pg. 23

Some people (often fervent sports fans) condemn Theatresports™ on the grounds that it's competitive, but while 'straight' theatre encourages competition - and I could tell you stories that you'd hardly believe – Theatresports™ can take jealous and self-obsessed beginners and teach them to play games with good nature, and to fail gracefully.

Det kan være vanskelig for spillerne å ignorere poengene de får, men det er avgjørende at spillerne tenker at de spiller for publikum og at de vet at de sammen med det andre laget jobber for å skape bra teater.

Keith Johnstone

The teams at Loose Moose began to try to win at all costs, and even to screw-up the work of the other team. This was Sport on the model of, say, American football.
Theatresports™ became mean and aggressive - and the audience shrank heading for zero. I fixed this by having different teams each week. The teams still wanted to win but the players stopped attending to the score-board and began to have fun (instead of playing for the honor of their team). And then the audience came back again.

LAG

Utfordre hverandre og forsøk å vinne bare for gøy, akkurat som et brettspill med venner.
Ikke ta konkurransen alvorlig. Det viktigste er å gi publikum en god forestilling, ikke å vinne.
Patti Stiles - Impro Melbourne, Australia

Det er forskjell på improvisasjon og andre former for opptredener. En av grunntankene bak Teatersport er at partneren din alltid vil støtte deg, på scenen og på sidelinjen. Ta vare på hverandre. Få hverandre til å fremstå bra. Hvis du er mindre opptatt av deg selv, vil du føle mindre frykt og alle andre vil jobbe sammen med deg.

Keith Johnstone

I attended a match where even the 'offstage' team was constantly onstage ('being helpful to the other team'), and I was told that 'having everyone onstage is "democratic"'. Not so at Loose Moose where an experienced improviser will sometimes play against a four-person team.
'Wouldn't your audience love to see a solo performer thrust onstage and having to survive?'
'That would be "shining"!' they said. ('Shining' means showing off.)
'But it's thrilling to see a human being who is at the centre of attention, and who is without fear. Solo violinists, or magicians, or jugglers aren't shining!'
Arrogant players feel that they've failed if they're playing a submissive role, or are waiting on the bench. They leap onstage to share the glory whether they're needed or not, and yet the world's drama is based on scenes between two people. It's very difficult to find a good three-person acting scene because the third character is usually functioning as some sort of spectator - and why should improvisation be any different?
Scenes that involve all the players should be the exception, not the rule.

HVORDAN LAGENE SKAL KOMME INN

Keith Johnstone - Impro For Storytellers pg. 7/8

Loose Moose Theatre
Calgary, Canada
av Kate Ware

I'm teaching Theatresports™ in class, and the Fat Cats and the Aardvarks are being introduced by a Commentator, and are crossing the stage to their team benches.
I interrupt: 'Don't straggle in like separate individuals. Be attentive to each other. Be visibly a group. Don't look isolated.'
They try again.
'Better!' I say. 'But you look nervous.'
Another attempt.
'Now you look arrogant. We preferred you the first time!'
'So what are we to do?'
'Keep imagining that the spectators are even nicer than you expected. Experience a little shock of pleasure each time you look out front. Don't "demonstrate" this, just "experience" it, and trust that your positive feelings will be transmitted subliminally.'

I might ask them to imagine that they've been kept in a box full of wood-shavings all week, and that this is their one chance to be fully alive.

Or I might get them to enter with their eyes narrower than usual – this will almost certainly make them feel hostile - and then I'll try for the 'rebound' effect.

'Enter again, but this time let your eyes be wide open!'

Wide-eyed students see everything in a positive light, and huge energy can be released. They'll seem less afraid of the 'space' around them, and they're likely to stop 'judging themselves'. Remove defenses in life and you increase anxiety: remove them on-stage and anxiety diminishes.

HVORDAN LAGENE SKAL SITTE

Spillerne skal sitte komfortabelt på benker på siden av scenen. De skal ikke ta bort oppmerksomheten fra de andre, men de må sitte nærme nok til at de når som helst kan komme innpå for å hjelpe de andre spillerne.

Keith Johnstone - Impro For Storytellers pg. 3

Teams at Loose Moose can sink into semi-obscurity in the two-foot deep moat around the stage, but many groups feature their teams, lighting them at all times, and sometimes sitting them across the rear of the stage, facing front, where they are forced to sustain fixed expressions of glee (this is typical of 'Game-Show Theatresports™', in which the emcee is the star and the players may be of no more consequence than the volunteers at 'give-away' shows on TV).

HVORDAN LAGENE SKAL FORLATE SCENEN

Loose Moose Theatre
Calgary, Canada
av Breanna Kennedy

Keith Johnstone

When performers finish their scene, they should go to their bench. (Some performers want to take a bow for their performance but this becomes inefficient because the audience has likely applauded the work already as the lights have come down.)

* FLERE DETALJER OM TEATERSPORT™

DOMMERE

Teatro a Molla - Bologna, Italy av Gianluca Zaniboni

Dommerne er ikke en del av underholdningen, men de er et viktig element i forestillingsstrukturen. Dommernes oppgave er å beskytte og støtte spillerne. De skal være med på å øke kvaliteten på forestillingen. De skal ikke bare dømme, de skal sørge for at spillerne tar større sjanser. Du vet at dommerne vil fjerne deg fra scenen hvis du kjeder publikum, de vil straffe deg hvis du fornærmer publikum, de vil holde deg på sporet hvis du blir distrahert, de vil være tøffe hvis det er nødvendig, men de vil beskytte deg og sørge for at publikum ser spilleren som en helt.

Keith Johnstone

The Judges are the firm parents, and the players are the 'naughty but good-natured children'.

Dommerne oppnår dette gjennom å:
- representere en autoritet som spillere og publikum kan reagere på
- tilføre effektivitet og oppklare uklarheter
- ta beslutninger når det er nødvendig
- minne spillerne på ulike forhold, bl.a. at de skal godta utfordringene
- oppmuntre spillere som nøler til å komme igang ("vi begynner om 5-4-3-2-1")
- be spillere om å snakke høyere
- få middelmådig materiale bort fra scenen før publikum begynner å kjede seg, noe som kan gjøres gjennom å:
  - bruke hornet
  - senke scenenlyset gjennom å vise det med en armbevegelse
  - veilede gjennom å si "finn en slutt" eller "du har 30 sekunder på å avslutte"
- følge med på innholdet og sørge for variasjon
  - advare spillere om oppførsel som må adresseres (for mye banning, mangel på variasjon i den sceniske utøvelsen, at oppstarten på en scene ikke er effektiv, etc.)
- gi straff i form av at spillere må bruke kurven/bøtta
- dommerne kan avvise utfordringer, akkurat som lagene også kan, hvis det er til det beste for forestillingen. Grunnen kan være at utfordringen er gjort før eller er farlig. For eksempel: "vi har allerede sett dette" eller "brannforskriftene tillater ikke flammer".

På slutten av alle scener skal alle dommerne gi poeng. De gir fra EN (laveste) til FEM (høyeste).
Selv om alle dommerne skal være sidestilt, velges en "overdommer". Tittelen skal gi en illusjon av autoritet. Han eller hun kan være den som kaster mynten og tar endelige avgjørelser.

⊃ **TIPS** - dommerne skal ikke ha på seg morsomme kostymer. Det undergraver deres autoritet. For publikum er det morsommere å rope til autoritære personer.

Keith Johnstone

Don't give the Judges different responsibilities. For example a Narrative Judge, a Technical Judge, and an Entertainment Judge. We tried this and it never worked as intended. It was either ignored or caused confusion. Please don't do it.

HVORDAN DOMMERE SKAL KOMME INN

Dommerne skal ikke bruke for lang tid på å komme inn eller gjøre for stort nummer ut av seg. De skal komme samlet og kommentatoren skal invitere publikum til å "bue" på dem. Det er fordi publikum senere i forestillingen fritt skal kunne reagere på de avgjørelsene de tar. Dommerene skal ikke vise at de tar seg nær av å bli "buet på".

Keith Johnstone - Impro For Storytellers pg. 8

> I get the Commentator to say: 'Can we have the regulation "boo" for the Judges!' Two Judges cross the stage to their 'bench', while a third goes centre-stage to supervise the coin toss.
> 'You should all stay together,' I say.
> 'This saves time.'
> 'But then we don't see the Judges as "one organism". Cross the stage as a unit and take your places while the audience hiss and boo. Then the Commentator can cut into the booing by saying: "Head Judge to the centre for the coin toss, please!"' (This 'Head Judge' is a fiction – one Judge must not be able to boss the other two about.)

Dommerne skal ikke være bekymret for om publikum liker dem. Å dømme er en ferdighet som må læres. Spillerne må gi dommerne tillatelse til å gjøre feil for eksempel med hornet og spillerne må stole på at dommerne gjør så godt de kan.

I en god forestilling vil publikum reagere når dommerne bruker hornet. Det er å foretrekke at dommerne blir "buet" på, enn at det skjer mot spillere eller selve forestillingen. At publikum viser følelser mot dommerne er bedre enn at de er stille, for da er det ingen som tar ansvar for det som skjer på scenen.

⊃ **TIPS** - for å øve opp dommerkvaliteter kan dere spille "the King Game".
(Se IMPRO FOR STORYTELLERS pg. 237)

HELL JUDGES

En god måte å trene spillere, teknikere og dommere til å være oppmerksom på publikums ønsker på er å bruke "Hell Judges". "The Hell Judge" (eller dommere) plasseres på publikums nivå, gjerne bak publikum. Jobben til "The Hell Judge" er å legge merke til om alle i publikum er engasjert i forestillingen. Det er fordi alle spillere kan bli påvirket av tilbakemeldiger fra den første raden, (de som ofte gir høylydte tilbakemeldinger) og da er det ikke like lett å ta alle i publikum sitt perspektiv.
Når "Hell Judges" ser at publikum mister interessen, kan de trykke på en knapp som lyser opp et lys foran de ordinære dommerne. Det bør være et rødt lys som bare dommerne ser. Publikum skal ikke se lyset. Når dette lyset tennes er det en STERK indikasjon på at hornet må brukes.
Lyset som "The Hell Judges" bruker kan hjelpe de ordinære dommerne til å øve på å lytte til publikum og det gir dem tillatelse til å bruke hornet hvis de var usikre.

Keith Johnstone - Impro For Storytellers pg. 67

> Failure is part of any game, and unless this is understood, Theatresports™ will be a high-stress activity.

HORNET

Hornet er en av de mest unike og viktigste elementene i Keith Johnstone's Teatersport™. Det brukes når spillet er kjedelig. "RESCUE HORN" er et verktøy som hjelper dem som har problemer.

Tenk deg at du står på scenen, hjertet slår hardt, spillet går tregt og dine lagkamerater holder seg for øynene og er helt ute av stand til å se at du er ute på dypt vann. Hvis vi bruker de "gamle teaterreglene" vil scenen dra ut i langdrag. Når scenen avsluttes klapper publikum høflig, du tusler av scenen og vet at det du har gjort i beste fall er dårlig.

Men … dette er Teatersport™, ikke tradisjonelt teater. Her bruker dommerne hornet når de mener at en scene er kjedelig, hvis noen strever eller spillerne ser stesset eller ulykkelig ut.

Når hornet brukes må spillerne avslutte scenen med en gang. Det er dommerne som fremstår som slemme og spillerne trenger ikke å føle seg mislykkede. Så får de muligheten til å prøve igjen.

Keith Johnstone - Impro For Storytellers pg. 4

Scenes may drag, just as in conventional theatre, but anything tedious will be cut short by a 'Warning for Boring' (a honk from a rescue horn), and if the Judges honk a scene that everyone is enjoying there'll be mass outrage.

Teatro a Molla - Bologna, Italy
av Manuel Nibale

Det er meningen at hornet skal beskytte spillerne slik at de kan ta sjanser og prøve ut nye ideer. De vet at hvis de gjør noe som ikke fungerer vil dommerne hjelpe dem til å avslutte scenen. I tillegg beskytter hornet publikum fra å overvære kjedelige scener og uinspirert spill. Brukes hornet derimot på en scene som publikum mener er underholdende, kan publikum rope mot dommerne. Ropingen tilfører energi og gjør det hele litt mer likt et sportsarrangement.

Tidligere ropte spillere/improvisatører til "svake" dommere at de skulle bruke hornet. Spillerne forsto at hornet ikke bare var der for å hjelpe dem, men også for å hjelpe publikum. Når alle vet at noe ikke går bra, er det like greit å poengtere det. Kan vi gjøre det på en vennlig måte er vi ved kjernen av Teatersport™.

Publikum får møte et helt spesielt vesen som smiler og spiller videre selv om de holder på å gjøre feil. Publikum er kanskje ikke i stand til det selv, men den ærverdige Teatersport™ spilleren er. Det som skjer blir fantastisk fordi publikum vil la seg underholde av at det også går galt. De kan glede seg både over spillernes suksess og fiasko fordi de har fått tillatelse til det. Forutsetningen er at det må være vennlig.

Keith Johnstone - Impro For Storytellers pg. 16/17/18

If a team receives a 'Warning for Boring' they have to end their scene and leave the stage (it's not a 'warning' but the real thing, but it sounds less insulting than a cry of' boooorrring').

'Warnings' are given by a 'honk' of the rescue horn that each Judge wears around his/her neck. Before I bought these horns, 'warnings' were given by a zero card, but it feels less 'teachery' to be 'honked' off, rather than 'zeroed' off. (Judges can also end a scene by waving the lights down, as can the lighting operators or team members if they see a suitable moment.)

Even experienced players will plod on, hoping for inspiration that never comes. Our players will sometimes storm into our green room after a bad show saying: 'Where were the boring-calls when we needed them!' (as if forbidden to end boring scenes them-

FLERE DETALJER OM TEATERSPORT™

selves), but there is a minority of players who so enjoy being the centre of attention that they don't care if they're tedious. I heard one say: 'I'm a performer – why should I care what the audience think?' (making me wonder about his sex life).

Such players will complain that the warning is being given (or that the lights are fading), before people have lost interest, but could there possibly be a better time? The audience will howl with rage if a scene is honked unjustifiably, and this unites them with the actors against the Judges (good!), and yet selfish players will resent the 'injustice'.

'No Judge can be right all the time,' I say. 'And Theatresports™ is not a school where everyone's prestige depends on being marked correctly. After all, you're not being cast out into the tundra during a blizzard.'

'But don't you realize what a depressing effect the warning has on the audience?'

'It does if the players skulk off like whipped dogs, but it's heart-warming to see improvisers who are thrown off and stay good natured.'

'If you want to be dignified, why improvise?' Handled ineptly, warnings can be brutal, but used properly they create benevolence. The spectators adore improvisers who can be thrown offstage and yet stay happy.

Accepting the Warning.

At least one group softens the warning by saying that it just means 'that the players failed to see a possible ending'. This goes against the nature of sport. The spectators want to see boxers being knocked out, speed-boats flipping over, and improvisers being told unequivocally that their scene has failed. Boring means boring and many scenes are boring after twenty seconds (already irredeemably stupid).

Instead of learning how to be rejected with good humor – which can take all of five minutes – many groups remove the warning.

Another unsatisfactory solution is to impose time limits on all scenes, sometimes as little as one or two minutes ('unsatisfactory' because players should learn how to end scenes by themselves). I've even heard of Theatresports™ being advertised as 'no scene over ninety seconds', which might make some sense if the entire event only lasted for fifteen minutes, but why kill scenes that have a lot of power and energy? Perhaps weak judges had allowed boring scenes to drag on pointlessly, and the ninety-second rule was an act of desperation.

In the early days we were so protective of the players' feelings that a team kept possession of the stage until the third warning, and all warnings had to be unanimous. Then we threw teams off after the second warning. Finally, after much heart-searching, we decided that justice was less important than getting dead scenes off the stage, and we said that any Judge could end any scene at any time (without consultation), but even then dreary scenes were sometimes allowed to continue while the bored Judges toyed with their rescue horns but were reluctant to 'do the deed'.

These days the so-called Hell-Judges (improvisers who are sitting at the rear of the audience, see p. 324) can press a button when they're bored. This flashes a red 'Hell light' at the Judges' feet, and in the lighting booth. The official Judges can ignore this, but it's likely to shake them out of their apathy.

I could have invented more discrete ways to remove improvisers from the stage - as in 'comedy lounges' where the comedian has to leave when a picture lights up behind the bar - but I wanted the warnings to be blatant because I was tired of the audience that 'appreciates' theatre and says, 'I quite liked it', as if discussing a dubious egg.

FLERE DETALJER OM TEATERSPORT™

Tanken bak dette er egentlig ganske avansert. Lærere som har hatt "dårlig" opplæring forstår ikke poenget med hornet. De har lært å unngå å gjøre feil, istedenfor å innlemme og håndtere det på en sunn måte. Det er kanskje ikke overraskende at unge mennesker takler hornet, kurven/bøtta og det å gjøre feil lettere enn voksne.

Keith Johnstone - Impro For Storytellers pg. 11

If a team is 'honked off the stage, make sure that they stay good natured. Professional actors are very likely to express anger or resentment, but no one admires this, or wants to invite them home after the game.

En øvelse for å lære å gjøre feil gjennom å bruke hornet

>> Da jeg skulle lære folk om hornet fant jeg opp en liten øvelse. Jeg spurte tre personer om de kunne være dommere og ba resten av spillerne om å gå til en side av scenen. Deretter fortalte jeg spillerne at to og to skulle komme frem og spille en scene. Så fortalte jeg dem at på et helt tilfeldig tidspunkt ville noen bruke hornet. Målet var at de skulle lære å ta imot lyden av hornet på en lekende måte. Hvis de så sur eller misfornøyd ut da hornet ble brukt måtte de prøve en gang til. De spilte så mange ganger det var nødvendig for at de skulle se fornøyd ut. Det er viktig at vi innser hvilke uttrykk vi viser for det oppfatter publikum. Jeg fortalte at jeg kom til å plassere meg bak dommerne og tappe en eller flere av dommerne på ryggen for å sikre at bruken av hornet ble tilfeldig. To og to spillere spilte en scene og på et tidspunkt brukte vi hornet. Hvis de så fornøyd ut sa jeg: "tusen takk, neste". Hvis de neste som kom på scenen så misfornøyd ut, sa jeg: "dere ser sure eller misfornøyd ut, prøv igjen". Deretter måtte de gjøre en ny scene.

Jeg forsøker å gjøre bruken av hornet tilfeldig og lekende. Jeg ser etter øyeblikk hvor spillerne ikke tror at jeg kommer til å bruke hornet, for da får vi den naturligste reaksjonen. Jeg lar noen scener holde på lenge, mens andre møter lyden på vei inn, jeg kan bruke hornet etter første linje og jeg kan vente til spillerne ønsker å høre lyden. Hvis de tre dommerne gjør en god jobb, forstyrrer jeg dem ikke.

Folk blir veldig bevisst på forskjellen mellom den positive aksepten og den negative reaksjonen når hornet brukes. De lærer også at det ikke er så lett å bruke hornet og får derfor en større forståelse for det å være dommer.

Deretter begynner jeg å bevege meg bort fra å bruke hornet tilfeldig og over på å bruke hornet for å redde spillerne. Å lære bort "om igjen!' er nyttig for øvelsen som er beskrevet over. << **Patti Stiles**

Impro Melbourne - Australia av Mark Gambino

Courtyard Playhouse - Dubai, UAE av Tiffany Schultz

Impro Okinawa - Japan av Kudaka Tomoaki

KURVEN/BØTTA

Dommerne kan straffe spillere med å sette dem ut av spill med en kurv/bøtte over hodet i to minutter. Det er viktig at spilleren kan se gjennom hull i kurven/bøtta. Spilleren blir sendt til et sted utenfor scenen, men spilleren skal kunne følge med på det som skjer på scenen. Det er best om spilleren som har kurven/bøtta over hodet ikke deltar på lagets neste utfordring. Selv om dramaet som utspiller seg hjelper forestillingen, skal straffen føles som et handikap for laget. Selv om straffen er "for gøy" tilfører den autoritet til dommerne og den er viktig for forestillingen. Det at noen kan straffe fører til at spillerne ikke trenger å sensurere seg selv og de kan spille fritt, men dommerne kan straffe oppførsel de ikke liker.

Hvis spillere sier eller gjør noe som oppfattes som "dårlig smak" blir de straffet. Når de får straff føler publikum at den spilleren som har fornærmet noen blir tatt hånd om og potensielle pinlige situasjoner kan unngås.

Å måtte gå med en kurv/bøtte over hodet tildeles vanligvis de spillerne som er frekke, støtende eller ekle **utenfor konteksten av scenen**. Dommerne tilpasser ofte dette slik at det passer til de ulike øyeblikkene. En spiller kan for eksempel måtte gå med kurven fordi han eller hun har oppført seg dårlig mot dommerne. En gang opplevde vi at en publikummer måtte bruke kurven på grunn av noe han hadde sagt. Det var en annen i publikum som ba om kurven. Det ble selvfølgelig gjort på en vennlig måte og tilførte forestillingen noe helt spesielt.

Publikum blir ofte invitert til å rope at kurven/bøtta skal brukes. Publikum liker dette og føler seg involvert. Hvis du innlemmer dette i forestillingen, vær klar over at utrop om at kurven/bøtta skal brukes må komme ETTER at spillerne er ferdig med scenen.

Noen grupper inviterer publikum til å rope og kaste ting opp på scenen underveis i forestillingen. Dette oppmuntrer til dumskap og sjansen for at dette tilfører noe i det hele tatt er tilnærmet null. Slike distraksjoner retter søkelyset mot strukturen og ikke mot det som skjer på scenen. Det kan også være farlig at ulike objekter kastes mot spillerne fordi de ofte har scenelys i øynene og da blir det vanskelig å se innkomne prosjektiler.

Theater Anundpfirsich
Zurich, Switzerland, by Mike Hamm

POENGSUM OG DOMMERKORT

I forestillinger med dommere, har alle dommere fem store kort hver. Kortene må være omtrent en knehøyde store, slik at de skal kunne sees av alle som sitter i salen. Hvert kort har et stort nummer påskrevet/påtrykt. Kortene er nummerert fra EN til FEM.

Rett etter en scene viser hver enkelt av dommerne ett poengkort slik at publikum, kommentatoren og den som skriver poengsummen kan se hvilket poeng som blir gitt. Totalsummen skrives opp på poengtavlen.

NM i Teatersport™
Norsk Amatørteaterforbund
Lillehammer, Norway
av Helen Hansen

Teateret om nå.
Dan O'Connor
LA Theatresports™
Los Angeles, USA

Keith Johnstone - Impro For Storytellers pg. 10

'Let's imagine that the Aardvarks have performed an uninspired scene. Will the Judges please score it.' Each Judge holds up a one (point) card.

'But if the scene was only worth a one, why were we watching it? Honk boring players off the stage. Don't let them burble on.'

※ FLERE DETALJER OM TEATERSPORT™

Selv om dommerne har brukt hornet, skal de gi poeng til scenen. Dette gjøres for å gi publikum en mulighet til å vise om de er misfornøyd med dommernes avgjørelse eller til å vise entusiasme hvis de syntes at laget fikk den poengsummen de fortjente.

Hvis utfordringen er EN mot EN eller LAG mot LAG, kan dommerne, for å vise hvem de synes vant utfordringen gjøre følgende: De løfter en arm i været og peker med en finger opp i luften. Deretter peker de på det laget de mener vant utfordringen.

I The Danish Game involveres publikum i poenggivingen. Publikum skal heie på det laget de mener spilte den beste scenen etter at begge lagene har fremført sin utfordring. Moderatoren ber publikum om å rope navnet på det laget de syntes var best og det laget som vinner får fem poeng.

Keith Johnstone - Impro For Storytellers pg. 9

I ask them to imagine that the Fat Cats have performed well. Each Judge holds up a three card. 'But if it went well - why not a couple of fours? Don't be afraid to be criticized for scoring high!'

RETTFERDIGHET

I noen grupper vil dommere forsøke å balansere poenggivingen. Ideen er at lagene skal få like mange poeng uavhengig om det som blir fremført har forskjellig underholdningsverdi. Dette går imot ideen om at man i improvisasjon skal være helt ærlig.
Når dommere forsøker å skape drama ved å tilpasse poengene, vil publikum merke det og føle seg manipulert. Når publikum ser at det laget som er overlegent får omtrent like mange poeng som et lag som har strevd hele forestillingen føler de seg lurt. Spillere kan også føle skam over at laget de representerer får like mange poeng eller at de vinner mot et sterkere lag.
Det handler ikke om å gjøre ting "rettferdig og balansert". Det er viktigere å trene spillere til å være positive. De skal vinne og tape med samme sinn, samtidig som de skal takle feil og motstand.

UTFORDRINGER

Loose Moose Theatre
Calgary, Canada
📷 av Breanna Kennedy

⟲ **TIPS** - Keith oppmunterer til enkel effektivitet. Iverksett scener og forestillinger ved hjelp av så få ord som mulig og sett i gang med å opptre.

Det er mange som diskuterer hva som er en god utfordring og hvilken utfordring som er best for forestillingen. Men husk at Teatersport™ er en opptreden som må være variert. Hvis hver eneste scene er satt til ett bestemt tidspunkt eller har samme emosjonell kvalitet vil ikke publikum komme tilbake. Her er hva Keith foreslår:

Keith Johnstone - Impro For Storytellers pg. 13-16

Issuing challenges: Keep a certain formality. Challenges should seem important. (If the players can't take the game seriously why should the onlookers?) And be brief. Most challenges are self-explanatory. If you neglect something essential - for example, that a 'miss-grab' loses a Hat Game - the Commentator or a Judge can clarify this.

Many teams only challenge to games (and to the same games), but unexpected and unheard-of challenges keep the players alert. Challenge to novelties like a spelling-bee, or to the most convincing impersonation of a celebrity, or to the best scene with an audience member, or to the best scene directed by the other team. Take risks. Challenges that seem stupid, incomprehensible or repetitive must always be rejected (at the discretion of the Judges).

A team can say: 'We object!' and the Judges can ask: 'On what grounds?' They can then say: 'Overruled!' or: 'Sustained!'

Some groups want to ban challenges that 'always fail' (there was once a move to veto the He Said/She Said Game, but if we avoided every game that a group disliked, the difficult ones would never be mastered. The problem lies not in the games, but in weak Judges who let uninspired scenes drag on. If the players are boring (which they will be if they're screwing up a game), throw them off.

Great teams brain-storm to find new challenges; for example: to the best one-minute radio drama played in the dark (this gives our audience a chance to cuddle), to the best scene featuring an object chosen by the other team (at the Olympics, Calgary offered a live goat), to the best scene using an audience volunteer (off-limits to beginners because volunteers must be treated with love and generosity and this takes skill), to the best enactment of a folk tale (with an audience volunteer as the Hero), to the best love scene with a tragic ending, to the best excuse, to the best lie, to the best exposure of an injustice, to the best revenge, to the best escape, to the most compassionate scene, to the best use of the other team (e.g., as a blob in a science-fiction movie, as furniture, as bowling balls), to the most serious, positive, truthful, romantic, horrific, or boring scene (the Danes at the Olympics presented an unforgettable 'most boring consummation of a marriage'), to a family relationship, to a scene with pathos, and so on.

Great teams set themselves goals like including audience volunteers in every scene, or playing each scene in gibbberish. When teams only challenge to Theatre Games (and to the same games week after week) this creates the same monotony as soup followed by soup followed by soup.

Games are for providing contrast, and should be interspersed between stories, or between challenges to 'the best religious scene', or 'to the most psychotic scene', or whatever.

The need for variety: Wonderful challenges are sometimes created in the heat of the moment, but when inspiration fails, each challenge is likely to resemble the one before. A scene in which someone asks for a job is followed by another scene in which someone asks for a job. Some groups try to solve this by issuing vague challenges; for example: 'We challenge you to a scene involving physical skills', but then Theatresports™ moves further away from sport (because there's less direct comparison between the teams).

The Audience team would avoid such problems by shouting: 'The book! The book!' in pretended panic, and run to open a book in which they had written possible challenges. If you create such a book, write verbal challenges in one column, physical challenges in another, solo challenges in another, and so on.

Duration of challenges: Some groups expect every scene to last for six minutes (or whatever), but this diminishes variety. Others assume that a scene that lasts a quarter of an hour is better than one that lasts thirty seconds. I've seen matches in which not one scene pleased the performers, and yet they struggled to make them all last for at least six minutes. It would have been better to say: 'This is garbage! Can we start again!'

Avoid 'lock-ins': Don't trap yourself by announcing what will happen unless you have to. For example: if the Commentator has said:

FLERE DETALJER OM TEATERSPORT™ →

'And now for the final challenge', and the scenes are dreary, it becomes difficult for the Judges to add a further challenge. Another example: a Director set up a dramatic scene, and over-directed it by saying: 'You can only use three word sentences.'
It would have been better to add this instruction later in the scene - if it was needed.

Baulking: A challenge can be baulked at (refused) at the discretion of the Judges. Such baulks add variety and give the spectators something to discuss on the way home. Typical baulks might be: 'We want to baulk at that challenge on the grounds that everyone's sick of it!' Or: 'We think that challenge is too vague.' Or: 'We'd like to baulk unless they can make us understand what they mean!' Or: 'We've just had two scenes in verse. Does anyone really want them to be followed by two singing scenes?'
If a baulk is upheld, a fresh challenge must be issued, and if this should also prove unacceptable, the Judges must issue a challenge of their own.
Judges can also baulk. They can say: 'We object to that game!' (and give reasons); or they can drop hints, for example:
'If you'd like to baulk at that we'll be delighted to uphold you!'
Baulks should never be accepted automatically; for example: 'We challenge you to the best scene involving a beard!'
'We baulk at that!'
'On what grounds?'
'On the grounds that they've got beards and we haven't!'
'Overruled!'
Correct! After all, a clean-shaven team could improvise beards from wigs, or a scientist could invent a hair-restorer so powerful that a SWAT team has to shave its way into him.
When three members of a team were sitting with their heads in penalty baskets (a rare occurrence), the fourth player baulked at a challenge to: 'the best four-person pecking-order'. This was overruled on the grounds that the audience would be delighted to see one person play four different characters (or working with three audience volunteers).
Players wishing to be cooperative will agree to be in scenes that hold not the slightest interest for them (or for us), but it's better to baulk than to collude in mutual self-destruction.

Når det andre laget spiller må dere ikke bruke tiden på planlegge hvordan dere skal respondere. Se på de som spiller med vidåpne øyne og stol på at noen spretter frem og annonserer for publikum hvilken form deres respons skal ha.
Tom Salinsky - The Spontaneity Shop, London, England

Keith Johnstone - Impro For Storytellers pg. 8

The Fat Cats win the toss, and one of them mumbles: 'What about a master-servant scene?'
I cut in: 'You're young, you're healthy, you aren't crippled! Stride to the other half of the stage and hurl your challenge in a clear voice. Be formal; announce: "We, the Fat Cats, challenge you, the Aardvarks, to the best master-servant scene!"
The voice is not just to be heard, it's a whip that disciplines the spectators. Be dynamic!
Forget this Hamlet stuff of feeling queasy before the duel!'

Å VINNE PRISER

Når dere lager et Teatersport™-arrangement må dere være veldig forsiktig med å dele ut premier til vinnerne. Opprinnelig ble trofeer laget av materialer som ble funnet rundt omkring på teateret.

Keith mente at premier skulle være ubetydelige og ikke sørge for at konkurranseinstinktet ble vekket til live. Han sa til og med til festivaldeltakerne at de alle sammen skulle dra hjem og annonsere at de hadde vunnet. Vertsteateret skulle bekrefte dette når pressen tok kontakt.

Fokuset skulle være på å jobbe sammen og inspirere hverandre til å skape en forestilling publikum ikke kom til å glemme. Hvis du premierer vinnerne kan dette føre til reell konkurranse og at man glemmer vennlig lek og teamwork.

En historie fra Norge

 I Norge annonserte den nasjonale improvisasjonsfestivalen at de skulle finne det beste unge improvisasjonslaget. Det beste laget skulle få en premie på mange tusen kroner. Over en periode på mange år var denne festivalen kjent for uinspirert spill og dårlig lagånd. Lagene tok konkurransen veldig alvorlig og vennligheten ble ofret.

Nå har festivalen en helt ny strategi. De tilbyr fortsatt stipend, men nå har juryen fått andre kriterier å forholde seg til. De ser etter hvordan lagene støtter hverandre, hvordan lagene jobber sammen, hvor de kommer fra og hvem som har størst utbytte av å motta penger. De kan til og med dele pengesummen mellom ulike grupper og spillere.

Helena Abrahamsen, Oslo

KEITHS RÅD

Keith Johnstone - Impro For Storytellers pg. 12

So my advice is:
- Find Judges who will throw you off when you're boring.
- Play a match in public before you know what you're doing.
- Keep the first matches mercifully short (ten minutes is ample and can seem like hours when you are uninspired).
- Screw-up with good humor.
- 'Lick your wounds'; practice the skills; plunge in again.

In a school context, performing in public may mean playing in front of another class, or during the lunch-hour, or challenging another school.

Steife Brise - Hamburg, Germany
av Klaus Friese

NM i Teatersport™
Norsk Amatørteaterforbund
Lillehammer, Norway *av Helen Hansen*

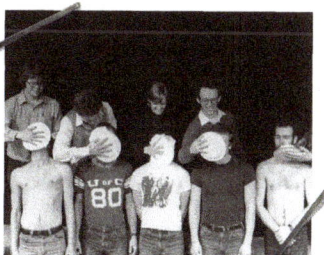
Loose Moose Theatre - Calgary, Canada
av Deborah Iozzi

OPPMERK-SOMHET PÅ DETALJER

SCENOGRAFI

Scenografi er kunsten å tilføre ulike miljømessige elementer, som rekvisitter, møbler, tekstiler, kostymer og andre objekter til scenebildet. Scenografi er ikke noe som er spesielt for Teatersport™, men det kan være med på å støtte spillere og de forskjellige scenene. Selv om man ikke har noen ordentlig scenografi eller scenografer til å levendegjøre kan det være fint å ha noen rekvisitter, hatter, kostymer, lange ballonger etc. tilgjengelig for spillerne.

Her er noen eksempler på støtte gitt via scenografi:
· sett sammen en stue eller et kontor når spillerne trenger det (tre stoler dekket av en teppe kan være en sofa, en boks kan være et bord, hvis det ikke er et bord tilgjengelig etc.)
· sett inn ulike elementer for å vise en restaurant eller en arkeologisk utgraving
· få noen til å fly ganske enkelt ved å løfte dem
· endre en scenes fysiske perspektiv gjennom å lage en liten landsby ved hjelp av fingrene, slik at et monster kan tråkke på dem

Loose Moose Theatre Calgary, Canada
📷 *av Kate Ware*

På Loose Moose Theatre utviklet spillerne/improvisatørene Tom Lamb og Shawn Kinley scenografien slik at den fikk større relevans i forestillingene. Det som tidligere var et teknisk element, som å flytte møbler effektivt rundt på scenen, ble forvandlet til levende bilder satt sammen av enkle objekter de fant bak scenen. Shawn uttalte: Vi følte oss så bra da spillerne improviserte bedre fordi de fikk inspirasjon fra det vi tilførte.

Scenografen leter alltid etter måter å støtte spillerne på slik at forestillingen kan forbedres. Scenografi kan være en inspirasjon og dermed lære spillerne noe.

Det er ikke alle grupper som har et stort utvalg av rekvisitter eller andre scenografiske elementer. De jobber derfor med å tilpasse seg med det de har.
Her er noen ideer:
Praktiser "scenografi i en koffert". En enkel eske full av objekter som er anvendelig og gjerne sammenleggbare kan få det til å se ut som dere har 10 ganger flere rekvisitter enn dere egentlig har. Et stort stykke tekstil kan brukes som en kappe, skjerm, elv etc. En paraply kan være et tre, en radar etc. Du trenger ikke så stor lagringsplass for en godt sammensatt samling med rekvisitter og kostymer. Jobb med å utvikle mimeferdigheter og bruk kroppen for å bli nødvendige objekter eller karakterer.
Øv på å tilpasse det miljøet dere har til forskjellige virkeligheter.

Spill Teatersport™ slik Keith tenkte det skulle spilles.
Dennis Cahill - Loose Moose Theatre Calgary, Canada

Keith Johnstone - Impro For Storytellers pg. 5

Whenever possible I surround the players with tables covered with junk - a golf-cart, beds and bedding, wheelchairs, a boat that they can 'row' about the stage, and whatever.
On tour the Theatre Machine used to raid the prop rooms - borrowing, for example, the massive Hansel and Gretel's cage from the Vienna Opera (and then not using it).
'Scenographies' are supplied by 'Snoggers', who lurk backstage ready to roll tumbleweed across the stage for a Western scene, or to drape chairs with 'mylar' for a scene in heaven. They'll fold back the carpet to reveal the taped outline of a body (to establish a crime scene), or lay a black-painted ladder on the stage to indicate a 'railroad track', or they'll stand on opposite sides of the stage holding up baskets to establish a gymnasium. Audience volunteers are sometimes conscripted: I once saw fifty people run on to the stage and lie down and make sucking noises while the improvisers pretended to be duck hunters wading through a swamp.

TILBAKEMELDINGER

Etter forestillingene ga Keith ofte tilbakemeldinger. Tilbakemeldinger er viktige fordi de er en kilde til informasjon for spillerne om deres opptreden spesielt og forestillingen som helhet.

Tilbakemeldinger gjelder ulike scener, men også hele forestillingen:
· Kunne spillere høres?
· Var det stor variasjon i forestillingen, eller var det tre scener på rad om å gå på date?
· Plasserte spillerne seg i lyset?
· Fulgte spillerne opp det de lovte publikum, eller glemte de det?
· Brukte dommerne hornet ofte nok?
· Behandlet spillerne frivillige fra publikum med respekt og verdighet? ... og så videre.

Forsøk dette:
· Sitt sammen etter forestillingen.
· Gå gjennom de ulike scenene og de tekniske elementene.
· Kom med en kort tilbakemelding, men ikke begynn å diskutere.
· En regissør kan gi tilbakemelding på hva spillere lykkes godt med og hva de må jobbe videre med. Dette gjøres for at alle skal lære og utvikle seg. Hvis en spiller stjeler showet eller tar kontrollen på de ulike scenene må de få vite det. Hvis ikke dette er en del av tilbakemeldingen blir det bare en gjennomgang av forestillingen. Mange grupper gir ikke tilbakemelding og det stopper utviklingen.

Det er viktig å forstå at det dere får høre er én persons oppfatning av forestillingen. Det betyr ikke at tilbakemeldingene er rett eller feil, de er bare en oppfatning. Tilbakemeldingene skal være enkle, effektive og uten diskusjon. De skal ha fokus på hva som skjedde, ikke hva spillere skulle ønske hadde skjedd. Kommentarer gis for å gi informasjon og tilføre perspektiver, ikke for å beskylde eller gi noen ansvaret for at scenen ble en suksess eller en fiasko.
Hvis forestillingen varer i to timer er 15 minutters tilbakemelding nok.
Gi noen ansvaret for å styre tilbakemeldingsøkten. Tar det for lang til må de sørge for å komme videre. Ikke diskuter for mye.
Diskuter tilbakemeldingene en annen gang, når som helst, men ikke under selve økten. Det tar for lang tid og kan generere såre følelser.

Å ta imot tilbakemeldinger
Noen personer reagerer som om deres ego har blitt knust, men de fleste forstår at tilbakemeldingene blir gitt for at forestillingene skal bli bedre og for at den enkelte skal utvikle seg.
HUSK AT meningen med tilbakemeldingene er at vi skal gjøre ting bedre i fremtiden. De handler om arbeidet vi skal gjøre og er ikke personlige.

Illustrert av Keith Johnstone

Det Andre Teatret - Oslo, Norway av Nils Peter Mørland

Stage Heroes - Singapore
av Hyperfrontal Productions

Teatro A Molla - Bologna, Italy av Gianluca Zaniboni

LISTE OVER ØVELSER

Unexpected Productions, Seattle, USA

Noen instruktører/lærere blir kanskje fristet til å lære spillere til at ØVELSENE er Teatersport ™. Dette er langt unna sannheten. Meningen med øvelsene er å justere oppførsel som kan være ødeleggende for spillernes scenearbeid. Øvelser kan selvfølgelig være morsomme og støtte den enkelte spillers vekst. Når undervisningen påvirker den enkelte er det lettere for spillere å ta sjanser og fjerne den strukturelle sikkerheten.

Det er utviklet mange forskjellige øvelser, men noen er mer nyttige enn andre. Nyttige øvelser trener spillere til å være støttende, velvillige, omfavne feil, ta sjanser og oppøve ferdigheter i historiefortelling. Øvelser dere skal se opp for er øvelser hvor spillere trener opp dårlige vaner som å være frakoblet og ødelegge hverandres historier. Vær også oppmerksom på øvelser som bare er verbale, intellektuelle akrobatøvelser, eller som oppmuntrer til konkurranse og dårlige følelser. Når publikum ler, må dere spørre dere selv om "hvorfor". Sjekk at alle spillere har det bra.

Mange grupper kompliserer det hele fordi de blir gode til å mestre reglene for de ulike øvelsene. Men et enkelt og ukomplisert spill hjelper spillerne til å gjøre en bedre jobb. Dette skal ikke være et sirkus med avanserte serier av oppgaver. Skap en plattform, istedenfor å hoppe fra sted til sted.
Shawn Kinley - Loose Moose Theatre, Calgary, Canada

IMPRO FOR STORYTELLERS inneholder øvelser som er nyttige for å utvikle ferdigheter i improvisasjon, historiefortelling, noe som er grunnlaget for Teatersport™. Vi anbefaler dere å få tak i Keiths bok og bruke følgende øvelser:

· Giving Presents *pg. 58 training*
· Word-at-a-Time *pg. 131 training & performance*
· What Comes Next? *pg. 134 training & performance*
· Three-word Sentences *pg. 155 training & performance*
· One-word Sentences *pg. 155 training & performance*
· The Hat Game *pg. 156 training & performance*
· Making Faces *pg. 162 training & performance*
· Dubbing *pg. 171 training & performance*
· The Die Game *pg. 183 training & performance*
· Endowments *pg. 185 training & performance*
· Freeze Games *pg. 186 training & performance*
· Guess the Phrase *pg. 187 training & performance*
· The No 'S' Game *pg. 188 training & performance*
· A Scene Without... *pg. 189 training & performance*
· Sideways Scenes *pg. 189 training & performance*
· Yes-But *pg. 190 training*
· Justify the Gesture *pg. 193 training*
· He Said/She Said *pg. 195 training & performance*
· Moving Bodies *pg. 200 training & performance*
· The Arms *pg. 202 training & performance*
· Sound Scape *pg. 208 training & performance*
· Boring the Audience *pg. 211 training & performance*
· Wallpaper Drama *pg. 212 training & performance*
· Gibberish *pg. 214 training & performance*
· Status *pg. 219 training & performance*
· Party Endowments *pg. 233 training & performance*
· The King Game *pg. 237 training & performance*
· Master-Servant *pg. 240 training & performance*
· Slow-motion Commentary *pg. 241 training & performance*

Improooperatørene
Trondheim, Norway
av Jonathan Stone

TIL SLUTT

AVSLUTTENDE ORD

Grunnlaget for Teatersport™ var et lidenskaplig ønske om å skape et teaterarrangement som engasjerte publikum. Den visjonen var imidlertid aldri hovedmålet. Etterhvert som konseptet vokste og utviklet seg ble det klart at det hadde varig verdi. Det ble nødvendig å vise våre og publikum sine liv på scenen. Selve substansen i en Teatersport™-forestilling er de ulike scenene.

Når vi spiller Teatersport™ på riktig måte ser vi at innholdet er viktigere enn innpakningen. På grunn av deltakerfokuset må vi i Teatersport™ fokusere ekstra på de historiene som blir fortalt. Det å heie på et lag kan føre til gripende scener og ekte følelser.

Når stemningen har vært voldsom, kan en rolig scene gi mer mening. Når vi får dem til å le, gråte eller rett og slett lytte til oss er det en sjanse for at vi drar i noen tråder inn til hjertet.

En historie fra Japan

 Gruppedeltakere fra ulike grupper rundt om i landet hadde deltatt på helge-workshop i Teatersport™. Helgen ble avsluttet med en forestilling. Den siste scenen var en lag-mot-lag "tie-breaker". I mange land er en rimeøvelse et naturlig valg for en slik scene, men det er ikke mulig i Japan. Isteden utfordret de hverandre til: beste scene fremført på haiku. Resultatet var så gripende og tilfredstillende for publikum at de sukket og gispet. Spillerne ble tydelig berørt og til og med de som ikke forsto språket følte at de hadde vært vitne til noe enkelt, men fantastisk.

Steve Jarand

Harlekin Theatre - Tübingen, Germany av Hartmut Wimmer

Welcome to the ITI community and best of luck in your adventures with Theatresports™!

MER INFORMASJON

Impro (Methuen) - Keith Johnstone
Beskriver oppstarten og den pågående utviklingen av improteater.

Impro For Storytellers (Faber and Faber) Keith Johnstone
Boka beskriver Teatersport™-formatet, bakgrunnen og det som er viktig for å kunne spille Teatersport™. Andre øvelser/scener/forestillinger som er utviklet av Keith Johnstone er også beskrevet.

ITI Newsletters
ITI Newsletter er en utgivelse som inneholder artikler, tips og historier og utgis en gang i måneden.
Registrer deg på:
impro.global/resources/join-the-newsletter

Theatresports.com
På "Resources" knappen - Keith Johnstone Newsletters (passord er påkrevet) er det flere nyhetsbrev som utelukkende er dedikert til Teatersport™.
Der finner dere også: en oversikt over anbefalte instruktører og lærere som kan Keiths tradisjon, videoer, bøker, artikkel, hefter og oversettelser.

Theatresports™ Handbook APP
tilgjengelig på iTunes

For spørsmål:
admin@theatresports.org
Eller enda bedre, kontakt din lokale representant:
impro.global/about-us/iti-humans

www.ingramcontent.com/pod-product-compliance
Lightning Source LLC
Chambersburg PA
CBHW061109070526
44579CB00012B/192